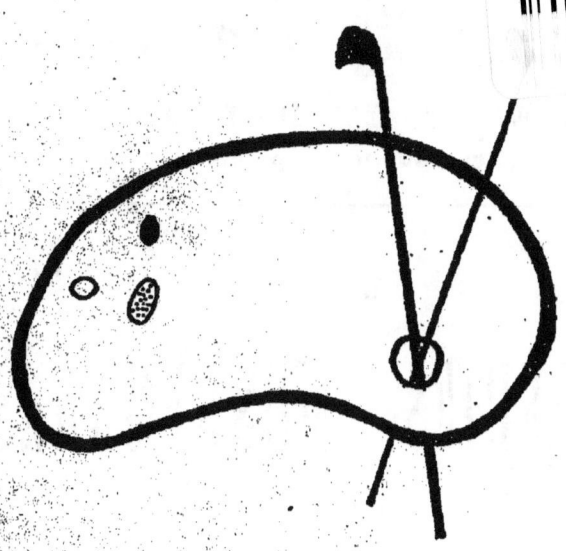

DEBUT D'UNE SERIE DE DOCUMENTS EN COULEUR

SCIENCE ET RELIGION
Études pour le temps présent

LES
CONFRÉRIES MUSULMANES

PAR LE

R. P. Louis PETIT

Supérieur des
Augustins de l'Assomption à Kadi-Keuy (Constantinople)

PARIS
LIBRAIRIE BLOUD ET BARRAL
4, RUE MADAME ET RUE DE RENNES, 59
—
1899
Tous droits réservés.

SCIENCE ET RELIGION

Études pour le temps présent. — Prix 0 fr. 60 le vol.

— **Certitudes scientifiques et Certitudes philosophiques**, par le R. P. DE LA BARRE, S. J., prof. à l'Institut catholique de Paris. 1 vol.
— *Du même auteur* : **L'Ordre de la nature et le Miracle.** 1 vol.
— **L'Ame de l'homme**, par J. GUIBERT, supérieur du séminaire de l'Institut catholique de Paris. 1 vol.
— **Faut-il une religion ?** par l'abbé GUYOT. 1 vol.
— *Du même auteur* : **Pourquoi y a-t-il des hommes qui ne professent aucune religion ?** 1 vol.
— **Nécessité scientifique de l'existence de Dieu**, par P. COURBET. 1 vol.
— *Du même auteur* : **Jésus-Christ est Dieu.** 1 vol.
    id.   **Convenance scientifique de l'Incarnation.** 1 vol.
— **Études sur la pluralité des mondes habités et le dogme de l'Incarnation**, par le R. P. ORTOLAN.
I. — *L'Épanouissement de la vie organique à travers les plaines de l'infini.* 1 vol.
II. — *Soleils et terres célestes.* 1 vol.
III. — *Les Humanités astrales et l'Incarnation.* 1 vol.
— *Du même auteur* : **La Fausse Science contemporaine et les Mystères d'Outre-tombe.** 1 vol.
    id.   **Vie et Matière ou Matérialisme et Spiritualisme en présence de la Cristallogénie.** 1 vol.
    id.   **Matérialistes et Musiciens.** 1 vol.
— **L'Au-delà ou la Vie future d'après la foi et la science**, par l'abbé J. LAXENAIRE. 1 vol.
— **Le Mystère de l'Eucharistie.** — Aperçu scientifique, par l'abbé CONSTANT. 1 vol.
— *Du même auteur* : **Le Mal, sa nature, son origine, sa réparation.** 1 vol.
— **L'Église catholique et les Protestants**, par G. ROMAIN. 1 vol.
— *Du même auteur* : **L'Inquisition**, son rôle religieux, politique et social. 1 vol.
— **Mahomet et son œuvre**, par I. L. GONDAL, professeur d'apologétique et d'histoire au séminaire Saint-Sulpice. 1 vol.
— *Du même auteur* : **L'Église Russe.** 1 vol.
— **Christianisme et Bouddhisme** (*Études orientales*), par l'abbé THOMAS, vicaire général de Verdun. 2 vol.
— *Du même auteur* : **Dieu auteur de la vie.** 1 vol.
    id.   **La Fin du monde d'après la Foi.** 1 vol.
— **Où en est l'hypnotisme, son histoire, sa nature et ses dangers**, par A. JEANNIARD DU DOT, auteur du *Spiritisme dévoilé*. 1 vol.
— *Du même auteur* : **Où en est le Spiritisme.** 1 vol.
    id.   **L'Hypnotisme et la science catholique.** 1 vol.
    id.   **L'Hypnotisme transcendant en face de la philosophie chrétienne.** 1 vol.

— **L'Apologétique historique au XIX° siècle.** — **La Critique irréligieuse de Renan,** etc. par l'abbé Ch. Denis. 1 vol.
— **Nature et Histoire de la liberté de conscience,** p. l'abbé Canet. 1 vol.
— **L'Animal raisonnable et l'Animal tout court,** par C. de Kirwan. 1 vol.
— **La Conception catholique de l'Enfer,** par l'abbé Brémond. 1 vol.
— **L'Attitude du catholique devant la Science,** p. G. Fonsegrive. 1 vol.
— *Du même auteur :* **Le Catholicisme et la Religion de l'Esprit.** 1 vol.
— **Du Doute à la Foi,** par le R. P. Tournebize, S. J. 1 vol.
— *Du même auteur :* **Opinions du jour sur les peines d'outre-tombe.** 1 vol.
— **La Synagogue moderne,** sa doctrine et son culte, par A. F. Saubin. 1 vol.
— *Du même auteur :* **Le Talmud et la Synagogue moderne.** 1 vol.
— **Évolution et Immutabilité de la doctrine religieuse dans l'Église,** par M. Prunier, supérieur de grand séminaire. 1 vol.
— **La Religion spirite,** son dogme, sa morale et ses pratiques, par I. Bertrand. 1 vol.
— *Du même auteur :* **L'Occultisme ancien et moderne.** 1 vol.
— **L'Hypnotisme franc et l'Hypnotisme vrai,** par le Dr Hélot. 1 vol.
— **L'Église et le Travail manuel,** par l'abbé Sabatier. 1 vol.
— **Unité de l'espèce humaine,** *prouvée par la similarité des conceptions et des créations de l'homme,* par le marquis de Nadaillac. 1 vol.
— *Du même auteur :* **L'Homme et le Singe.** 2 vol.
— **Le Socialisme contemporain et la Propriété,** p. M. G. Ardant. 1 vol.
— **Pourquoi le Roman à la mode est-il immoral et pourquoi le Roman moral n'est-il pas à la mode ?** par G. d'Azambuja. 1 vol.
— **Comment se sont formés les Évangiles,** par le P. Th. Calmes, professeur au grand séminaire de Rouen. 1 vol.

Viennent de paraître :

— **L'Impôt et les Théologiens.** *Étude philosophique, morale et économique,* par le comte de Vorges, ancien ministre plénipotentiaire, membre de l'Académie de Saint-Thomas, etc., etc. 1 vol.
— *Du même auteur :* **Les Ressorts de la Volonté et le libre Arbitre.** 1 vol.
— **Nécessité mathématique de l'Existence de Dieu.** *Explications — Opinions — Démonstration,* par René de Cléré. 1 vol.
— **Saint Thomas et la Question juive,** par Simon Deploige, professeur à l'Université Catholique de Louvain. 1 vol.
— **Premiers principes de Sociologie Catholique,** par l'abbé Naudet. 1 vol.
— **La Patrie.** — *Aperçu philosophique et historique,* par J. M. Villefranche. 1 vol.
— **Le Déluge de Noé et les races Prédiluviennes,** par C. de Kirwan. 2 vol.
— **La Saint-Barthélemy,** par Henri Hello. 1 vol.

— **L'Esprit et la Chair.** *Philosophie des macérations*, par Henri Lasserre, auteur de *Notre-Dame de Lourdes*, etc., etc. 1 vol.
— **Le Problème Apologétique**, par l'abbé C. Mano, docteur en philosophie. 1 vol.
— **Le Levier d'Archimède ou la Mécanique céleste et le Céleste Mécanicien**, par le R. P. Ortolan. 2 vol.
— **Ce que le Christianisme a fait pour la femme**, p. G. d'Azambuja. 1 vol.
— **L'Hypnotisme et la Stigmatisation**, par le D' Imbert-Gourbeyre. 1 vol.
— **L'Education chrétienne de la Démocratie**, *essai d'apologétique sociale*, par Ch. Calippe. 1 vol.
— **La Religion catholique peut-elle être une science ?** par l'abbé G. Frémont. 1 vol.
— *Du même auteur :* **Que l'Orgueil de l'Esprit est le grand écueil de la Foi**, *Théodore Jouffroy, Lamennais, Ernest Renan.* 1 vol.
— **La Révélation devant la Raison**, par F. Verdier, supérieur de Grand Séminaire. 1 vol.
— **Confréries musulmanes.** — *Histoire — Discipline — Hiérarchie*, par le R. P. Petit. 1 vol.
— **Pratique de la Liberté de conscience dans nos Sociétés contemporaines**, par l'abbé Canet. 1 vol.
— **Comment peut finir l'Univers**, d'après la science, p. C. de Kirwan 1 vol.
— **Les Théories modernes de la Criminalité**, par le D' Delassus 1 vol.
— **Faillite du Matérialisme**, par Pierre Courbet, 3 vol. *se vendant séparément* :
  I. — *Historique.* 1 vol.
  II. — *Discussion ; l'atome et le mouvement.* 1 vol.
  III. — *Discussion ; l'éther, le gaz, l'attraction. Conclusion.* — *Appendice.* 1 vol.
— **Le Globe terrestre**, par A. de Lapparent, Membre de l'Institut, professeur à l'Ecole libre des Hautes Etudes. 3 vol. *se vendant séparément* :
  I. — *La Formation de l'écorce terrestre.* 1 vol.
  II. — *La nature des mouvements de l'écorce terrestre.* 1 vol.
  III. — *La Destinée de la terre ferme et la Durée des temps.* 1 vol.
— **De la Connaissance du Beau**, *sa définition, application de cette définition aux beautés de la nature*, par l'abbé Gaborit, archiprêtre de la Cathédrale de Nantes. 1 vol.
— **Le Diable dans l'Hypnotisme**, par le docteur Ch. Hélot. 1 vol.
— **De la Prospérité comparée des nations protestantes et des nations catholiques**, *au point de vue économique — moral — social*, par le R. P. Flamérion, S. J. 1 vol.
— **L'Art et la Morale**, par le P. Sertillanges, dominicain, docteur en théologie. 1 vol.
— **La Sorcellerie**, par I. Bertrand. 1 vol.
— **Qu'est-ce que l'Ecriture sainte ?** *Les Livres inspirés dans l'antiquité chrétienne. Théorie de l'inspiration*, par le P. Th. Calmes. 1 vol.

Impr. des Orph.-Appr. d'Auteuil, D. Fontaine, 40, rue La Fontaine, Paris.

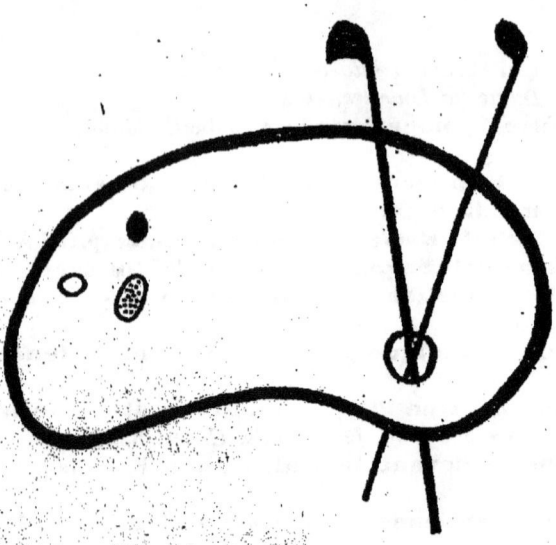

FIN D'UNE SERIE DE DOCUMENTS EN COULEUR

SCIENCE ET RELIGION
Études pour le temps présent

LES
CONFRÉRIES MUSULMANES

PAR LE

R. P. Louis PETIT

Supérieur des

Augustins de l'Assomption à Kadi-Keuy (Constantinople)

PARIS
LIBRAIRIE BLOUD ET BARRAL
4, RUE MADAME ET RUE DE RENNES, 59

1899

Tous droits réservés.

AVANT-PROPOS

Parmi les nombreux ouvrages publiés jusqu'à ce jour sur le monachisme musulman, il n'en est aucun, à notre connaissance du moins, qui ait traité cet intéressant sujet avec la clarté désirable. Dans tel auteur, les renseignements abondent, mais dispersés et comme jetés au hasard; tel autre semble n'avoir aperçu que la surface des institutions : en décrivant avec humour des scènes pittoresques ou ridicules, il laisse ignorer au lecteur l'action secrète qui dirige les personnages, le sentiment religieux qui les anime. Celui-ci ne porte ses recherches que sur une étendue déterminée, sans suivre au delà d'une frontière les multiples ramifications d'un même ordre; celui-là, au contraire, embrasse dans son enquête les cinq parties du monde, mais ne nous offre qu'une aride statistique. Tout autre est la méthode que nous avons adoptée. On trouvera ici, groupés dans un cadre simple et logique, les renseignements les plus caractéristiques, les notions les mieux faites pour donner de la vie religieuse chez les musulmans une impression vraie. Origine historique des principaux ordres, leurs procédés d'ascétisme, leur organisation hiérarchique, voilà ce qu'expose, en trois chapitres distincts, le présent opuscule. Tout restreint que soit le cadre, le tableau forme un ensemble suffisamment complet.

Est-il besoin de dire que rien n'a été négligé pour le rendre rigoureusement exact? Aux nombreux documents déjà réunis par nos devanciers, nous avons ajouté des données nouvelles, qu'un long séjour en Orient nous a permis de recueillir. Certains détails nous ont été directement fournis par des hommes dont la compétence n'a d'égale que leur exquise obligeance. L'article sur les Bektachis appartient à un vénérable musulman, qui a consacré sa vie à l'étude de la littérature et des institutions de son pays, nous voulons dire S. E. Sch. Samy-Bey Fraschery. Les indications et les conseils de M. le Docteur Sorlin-Dorigny, compétent comme personne, obligeant comme bien peu, nous ont été aussi des plus précieux. Le lecteur trouvera sans doute, par ces deux exemples, que nous avons bien choisi nos collaborateurs. Quant à nous, nous ne saurions assez les remercier.

L. Petit.

Constantinople, le 1ᵉʳ juin 1899.

CHAPITRE PREMIER

Développement historique

Le Monachisme et le Coran. — Les premiers ordres musulmans. — Le soufisme et le problème de l'union mystique. — Kadriya. — Refaïya. — Chadeliya. — Scherourdiya. — Mevlévis. — Badaouiya. — Haïdariya. — Nakechibendiya. — Bektachis. — Mélamiya. — Saadiya. — Khelountiya. — Aïssaoua. — Taïbiya. — Tidjaniya. — Senoussi et son œuvre de concentration.

Un verset du Coran condamne la vie monastique « comme une invention des disciples de Jésus » (1), et les docteurs musulmans ont condensé cette pensée du Maître dans un aphorisme souvent répété : *La rahbaniyeta fil-islami*, point de vie monacale dans l'Islam ! La formule, pour être absolue, est loin d'exprimer une vérité historique. En dépit de Mahomet, du Coran et de ses interprètes officiels, il n'est pas de religion, en dehors du christianisme, qui ait donné naissance à plus de moines que l'Islam ; aujourd'hui encore, on compte chez lui plusieurs centaines d'associations religieuses, avec une hiérarchie organisée ; c'est une véritable forêt vierge d'ordres, aux rameaux larges et touffus, aux multiples et profondes racines.

Le Prophète lui-même, — étrange ironie du sort ! — en avait vu sortir de terre les premiers rejetons. L'année même de l'Hégire (622), quatre-vingt-dix de ses disciples s'étaient groupés en société. Non contents d'avoir mis tous leurs biens en commun, ils remplissaient, chaque jour, certaines pratiques de dévotion, dans un esprit de pénitence et de mortification. Toutefois, ce fut seulement au bout de plusieurs siècles que la propagation des doctrines Soufistes détermina la création d'ordres Sunnites, à l'exemple des associations plutôt politiques, formées par les Alides. Leurs chefs, pour établir l'orthodoxie d'un usage qui constituait en réalité une innovation grave, en firent remonter l'origine aux compagnons

(1) LVII, v. 27.

mêmes du Prophète. Grâce à l'incertitude des traditions arabes à cette époque reculée, une telle prétention, quoique dépourvue de fondement, fut généralement admise. Aussi l'histoire primitive des ordres musulmans est-elle fort obscure.

L'un d'eux, celui des *Seddikiya* (1), revendique pour fondateur Abou Beker-es-Seddik, beau-père du Prophète et premier pontife de l'Islam. En recueillant, après sa mort (13-634), les paroles mémorables tombées de ses lèvres, en réunissant les pratiques de dévotion auxquelles il s'était livré de préférence, on forma la règle qui porte son nom. Le lien qu'elle crée entre ceux qui prétendent la suivre est, d'ailleurs, purement théorique ; jamais les Seddikiya n'ont reçu d'organisation hiérarchique commune à tous ; leurs congrégations, localisées dans les grandes villes de Turquie, de Syrie, d'Arabie, d'Egypte, sont absolument indépendantes les unes des autres (2).

Moins d'un demi-siècle après l'Hégire, le premier anachorète de l'Islam paraissait dans l'Arabie méridionale : c'était Aouis ou Ovéis ben Omar, dit El-Karani, du nom de Karn, sa patrie, dans le Yémen. Sur un ordre de l'archange Gabriel qu'il a vu en songe, Ovéis quitte le monde et va mener dans le désert une vie contemplative et pénitente (37-657). Des adeptes l'y suivent bientôt, premier noyau de l'ordre des *Aouissiya* ou *Ovéissi*. Rien n'égale l'ardeur de ces ascètes. En souvenir des deux dents perdues par le Prophète à la bataille d'Ohod (3), Ovéis se fait arracher toutes les siennes et impose à ses disciples le même sacrifice. Toutes les nuits, il médite, drapé dans son manteau aux larges plis, et quand, l'aurore venue, on lui demande comment il a passé la

---

(1) On désigne toujours, en arabe, les adeptes d'un ordre musulman par l'adjectif formé du nom ou du surnom du fondateur, adjectif qui se termine en *i* au singulier et en *iya* au pluriel. Les Turcs ne connaissent que la forme en *i*.

(2) Le Chatelier, p. 248-250, Rinn, p. 157-162.

(3) Cette bataille (4-625) fut la plus sanglante de la lutte des Koraïchites infidèles contre les musulmans. Le Prophète lui-même, atteint d'une pierre, fut blessé à la lèvre ; les mailles de son casque lui entrèrent dans le visage par la violence du coup et lui brisèrent deux dents.

nuit, « A parcourir, dit-il, les plaines riantes du paradis ou à sonder les gouffres de l'enfer. »

Des nombreux disciples d'Ovéis, tous n'ont point le courage d'imiter ses austérités ; le genre de vie, inauguré par lui, subit, après sa mort, de graves modifications : le cénobitisme se substitue peu à peu à l'anachorétisme. A côté des Aouissiya, héritiers directs d'El-Karani, on voit paraître, au siècle suivant, les *Olvaniya*, disciples de Si Alvan (149-766) qui, le premier, formule nettement les règles du noviciat et fixe les cérémonies de l'affiliation. Viennent ensuite les *Edhemiya*, fondés par Ibrahim-ben-Edhem, le pèlerin légendaire qui met douze ans pour se rendre de Damas à La Mecque et fait, tous les mille pas, mille prostrations (161-777). Vers le milieu du IIIe siècle de l'Hégire paraissent les *Besthamiya*, originaires du Khorassan, où leur fondateur, Abou-Azid-el-Besthami, s'éteint en 261 (874), en laissant une doctrine tout empreinte de panthéisme. « Quand les hommes, disait-il, s'imaginent adorer Dieu, c'est Dieu qui s'adore lui-même. » Trente ans plus tard, c'est Abou-el-Hoçein Sakati, le père des *Sekatiya*, qui meurt à Bagdad (295-907) : il avait été l'un des plus fougueux partisans du système théologique qui distingue, en Dieu, les attributs de l'essence.

Séparés par certaines divergences secondaires, tous ces ascètes ont pourtant le même programme : éloignement du monde, détachement absolu, prières prolongées, pénitences de toutes sortes, contemplation plus ou moins oiseuse, voilà les vertus ou les pratiques que tous s'évertuent à observer. Leur devise n'est autre que le cri du Prophète : La pauvreté, voilà ma gloire ! Tous, par des voies différentes, marchent au même terme, poursuivent la même fin, le *soufisme*, expression intraduisible qui répond assez exactement à la *perfection* des mystiques chrétiens, sorte d'idéal moral dont la complète réalisation échappe à la puissance de l'homme, puisque le modèle à copier, c'est Dieu même. Le soufisme n'est ni une association, ni un système; c'est une manière de vivre dans un état de pureté parfaite. « Il y a, bien entendu, dans cet état, tous les degrés, depuis la contemplation, l'extase, jusqu'à l'hystérie, comme il y a, parmi ses adeptes, des rêveurs, des paresseux, des saints, des malades, des fous (1). » Né des tendances mystiques de l'Inde et de la Perse, accepté et propagé par les premiers ascètes de l'Islam, le soufisme prend, au début du troisième siècle de l'Hégire, un immense développement, sous l'énergique impulsion d'Abou-Saïd Ibn-el-Khaïr (200-815); sans créer d'ordre proprement dit, ce personnage groupe, autour de lui dans un couvent, tous ceux — d'où qu'ils viennent — qui aspirent à la vie de perfection; il les oblige à se revêtir de laine, symbole de pureté (2). Mais son influence, quoique très grande, ne franchit pas les frontières du Khorassan. D'ailleurs, les doctrines soufistes s'étaient répandues, bien avant Abou-Saïd, dans les pays de l'Euphrate et la Palestine; elles comptaient, dès le huitième siècle, de nombreux et chauds partisans parmi les docteurs de Bassora. L'un d'eux, Aboul-Kacem-el-Djénidi, ouvre une voie nouvelle aux âmes tourmentées d'ascétisme. Au lieu d'en appeler, comme Ovéis, à de problématiques visions, il procède en philosophe, par déductions logiques; son système, pour être empreint d'un ardent mysticisme, ne verse que rarement dans l'absurde puérilité des autres ascètes. Voici en quels termes il définit le but du soufisme: « Affranchir l'esprit de la tyrannie des passions, se dépouiller des habitudes invétérées, extirper la nature, dompter les sens, développer les facultés de l'esprit, s'élever à la connaissance de la vérité et pratiquer la vertu. » Ses explications ne sont pas toujours aussi claires. Comme on lui demande un jour d'où vient sa science: « Si ma science, répond-il, était du genre des choses dont on peut dire l'origine, elle serait parvenue à son

---

(1) D'ESTOURNELLES DE CONSTANT, p. 102.

(2) Laine se dit, en arabe, *soûf*; ce serait, au dire de certains auteurs, l'étymologie du mot *soufisme*, erreur manifeste, puisque les soufistes existaient avant Abou-Saïd. Voir RINN, p. 25 et 28.

terme. » Quant aux pratiques de dévotion imposées par Djénidi, elles se ramènent à ces huit principales : ablutions fréquentes, « car les ablutions sont un feu éclatant », solitude prolongée, longue répétition des mêmes invocations, austère observance des jeûnes, silence ininterrompu, soumission absolue de l'esprit, étroit attachement du cœur et obéissance entière au chef de l'ordre, représentant de Dieu. C'est à Djénidi que se rattachent la plupart des ordres mystiques ; tel celui des Chadeliya, le plus important d'entre eux.

Le père des Djénidiya était mort à Bagdad en 296 (908), et son ordre, divisé en fractions infinies, semble absorber pendant deux siècles toute la vie religieuse de l'Islam. A cette époque, tous les esprits paraissent comme hantés par les théories soufistes, et surtout par le terme du soufisme, l'*union* (ittisâl), l'identification intime du sujet avec Dieu (djam ou ittihâd), ou, comme disent les soufis, le problème du *nous* et du *tu*. Ce problème est abordé tour à tour par les plus illustres représentants de l'école arabe, mais les solutions qu'ils en donnent sont loin de concorder. Chez Ibn-Badja (l'Avempace des Occidentaux), qui a consacré à cette question deux traités *ex professo*, l'union s'opère par l'ascétisme, par le développement successif des facultés supérieures de l'âme. Chez Ibn-Tofaïl (Abubacer), on arrive à l'*ittisâl* par le tournoiement du derviche, en se donnant le vertige, en s'enfermant dans une caverne, la tête baissée, les yeux fermés, en écartant toute idée sensible ; son *Autodidacte* s'est vu adopté par les quakers comme un livre d'édification. Ibn-Roschd (Averroès) proclame, au contraire, qu'on n'arrive à l'union que par la science. Le point suprême du développement humain n'est, à ses yeux, que celui où les facultés humaines sont portées à leur plus haute puissance. Dieu est atteint, dès que par la contemplation l'homme a percé le voile des choses et s'est trouvé face à face avec la vérité transcendante. On n'obtient ce bonheur que dans la vieillesse, par un persévérant exercice de la spéculation, en renonçant au superflu, à condition aussi de ne pas manquer des choses nécessaires à la vie. Beaucoup ne le goûtent qu'au moment même de leur mort. L'homme, arrivé à cet état, comprend toutes choses par la raison primordiale, par l'intellect universel qu'il s'est approprié. Devenu semblable à Dieu, il est en quelque sorte tous les êtres, et les connaît tels qu'ils sont : car les êtres et leurs causes ne sont rien en dehors de la science qu'il en a. Que cet état est admirable, s'écrie Ibn-Roschd, et que ce mode d'existence est étrange ! — Etrange assurément, et combien absurde. De pareilles doctrines, étayées sur un panthéisme sans exemple, sur l'unité numérique de l'intelligence humaine, mériteraient de figurer dans les annales de la démence (1).

Vers la fin du xi° siècle, les philosophes interrompent un instant leurs discussions en face du péril qui menace l'œuvre du Prophète. Les Croisades, qui ébranlent l'Orient tout entier, ont leur contrecoup dans la vie religieuse de l'Islam. Pour fortifier leur union et organiser une plus active propagande, les orthodoxes travaillent à reformer les anciennes associations et à en créer de nouvelles. C'est à cette époque que Sidi Abd-el-Kader el Djilani ou Ghilani jette les fondements d'un ordre qui devait rester le plus populaire de tous. Né dans le Djil ou Djilan, près de Bagdad, en 471 (1078), Abd-el-Kader passe toute sa vie à consoler ses semblables et à donner. Plus de tristesse que de joie lui semble être le partage de ce monde ; l'expérience le conduit à cette conclusion, qui est celle du pessimisme d'aujourd'hui : le bonheur est dans l'oubli de l'existence. Pour arriver à cet oubli en même temps que pour se frayer le che-

(1) Le mysticisme rationaliste d'Ibn-Roschd découle, en effet, de sa théorie de l'intellect humain, théorie commune, d'ailleurs, à toute l'école arabe. C'est par l'examen des systèmes philosophiques que devrait s'ouvrir un exposé scientifique du mysticisme musulman : on remarque, de part et d'autre, les mêmes tendances, ou plutôt, il y a entre les deux une véritable filiation. Le cadre de ce livre est trop étroit pour permettre un exposé de ce genre. Je me contenterai de renvoyer à E. RENAN, *Averroès et l'Averroïsme, Essai historique*, 2° édit., Paris, 1861. Voir, en particulier, les pages 122-146, auxquelles j'ai emprunté les éléments et souvent les expressions du paragraphe qu'on vient de lire.

min du ciel, il se fait le propagateur ardent du soufisme ; quand il s'éteint à Bagdad, le 8 de rabi 561 (11 février 1166), le nombre de ses disciples et des partisans de sa doctrine en Syrie, dans l'Inde et dans tout l'Orient est déjà incalculable. Après sa mort comme de son vivant, il reste le patron sans cesse imploré des souffreteux, des déshérités : aujourd'hui encore, jamais un mendiant ne demande l'aumône sans citer son nom : « Donnez-moi par la face de Sidi Abd-el-Kader, pour l'amour de lui et pour l'amour de Dieu ! — Ayez pitié de moi pour l'amour du sultan des saints, Sidi Abd-el-Kader, le maître de Bagdad, celui dont l'intercession est toute-puissante sur terre et sur mer ! » Abd-el-Kader enveloppe de sa charité tous les hommes, même les chrétiens, « les gens des Ecritures », dont il déplore seulement les erreurs ; l'immense charité de Sidna-Aïssa (Jésus-Christ) excite chez lui la plus vive admiration. La règle des *Kadriya* est empreinte des mêmes sentiments. Pour calmer la souffrance, pour en adoucir l'amertume, Abd-el-Kader conseille la prière incessante, les exercices prolongés qui empêchent le malheureux de songer à ses misères.

Issu des Kadriya, l'ordre des *Refaïya* prend naissance au vi[e] siècle de l'Hégire, à Oum-Obéidah, petite ville de l'Irak-Arabi, située entre Bagdad et Bassora. C'est là que Sidi-Ahmed-er-Refaï, neveu et élève d'Abd-el-Kader el Djilani, était venu s'établir, pour propager la règle de son oncle ; mais il n'avait pas tardé à se donner lui-même comme chef d'une voie nouvelle, tout en continuant de professer, avec les Kadriya, le mysticisme extatique basé sur « l'anéantissement de l'individualité de l'homme par l'absorption dans l'essence de Dieu ». Ce qui distingue les Refaïya, c'est l'attribution au chef de l'ordre d'une mission quasi divine, comparable à celle du Prophète ; dépositaire d'une parcelle de la divinité, ce chef reçoit de ses adeptes une sorte de culte, qui se traduit, dans les prières publiques, par les invocations répétées de : Ia Refaï ! Ia Refaï ! Ce qui les distingue surtout, c'est l'exaltation, l'ivresse hystérique qui accompagne leurs fonctions liturgiques : ils avalent des serpents, des charbons enflammés, se roulent au milieu de brasiers ardents, se précipitent sur des dards aigus et s'en traversent les bras et les joues. Un des honneurs qu'ils ambitionnent est d'être foulés aux pieds par leurs chefs. Inutile d'insister sur ces horribles scènes, déjà connues du lecteur par la pittoresque description de Théophile Gautier (1).

Lorsque Sidi-Ahmed-er-Refaï meurt à Oum-Obéidah en 577 (1181), un autre disciple d'el Djilani, Abou-Median, venu de Séville à La Mecque, où il a recueilli, de la bouche même d'Abd-el-Kader, les principes du soufisme, va propager la doctrine de son maître en Algérie, aux environs de Bougie. Mais il expire en 594 (1197), avant d'avoir achevé son œuvre.

Un de ses disciples, Abd-es-Sellem-ben-Mechich, recueille son héritage. Imbu des principes du soufisme, Abd-es-Sellem prêcha à ses adeptes le mépris des fonctions publiques, la fuite du pouvoir séculier, tout en gardant vis-à-vis de celui-ci une entière soumission. Mais son plus beau titre de gloire, aux yeux des musulmans, est d'avoir formé à son école le célèbre Abou-Hassen-Ali-ech-Chadeli. En 625 (1227), à la mort de son maître, Abou-Hassen, âgé de vingt-deux ans, quitte le Moghreb, sa patrie, et se rend à Chadel, aux environs de Tunis, d'où son nom de Chadeli. La popularité qui se fait autour de lui portant ombrage aux détenteurs du pouvoir, il se transporte au Caire. Au reste, sa vie n'est qu'un pèlerinage, presque ininterrompu ; il meurt en 656 (1258) sur le chemin de La Mecque, quelques journées avant d'atteindre Souakim, à Homaïthara, où son tombeau, comme celui d'Abd-el-Kader à Bagdad, attire chaque année de nombreux fidèles. Depuis sa mort, ses doctrines sont invoquées par presque tous les ordres plus modernes, et sa notoriété est telle que sou-

---

(1) Th. Gautier, *Constantinople*, Paris, 1891, p. 149-155. Voir, sur l'ordre en général, Le Chatelier, p. 202-210.

vent les musulmans le désignent comme la souche d'ordres qui existaient avant lui. Ses nombreux adeptes devinrent autant de chefs de groupes qui ont pris son nom ou, le plus souvent, le leur propre. Dès le commencement du viii° siècle, Mohammed Ouafa, chef d'une famille chérifienne d'Egypte, établit un ordre chadélien indépendant, celui des *Oufaïya*, dont la dévotion principale est la psalmodie à l'unisson. Ces prières, disent-ils, font jaillir du briquet de l'amour divin des étincelles qui viennent consumer, de leur feu, le germe de l'impureté et de la tiédeur. De même, les *Aroussiya* (853-1449), les *Djazouliya* (869-1464), les *Zerroukiya* (899-1493), les *Bekriya* (909-1503), les *Rachidiya* (931-1524), les *Rhaziya* (932-1525), les *Bekkaïya* (960-1552), les *Kerzaziya* (1018-1609), les *Cheikhiya* (1022-1613), les *Naceriya* (1079-1668), les *Derkaoua* (1214-1799), et vingt autres moins célèbres ne sont que des rejetons issus du vieux tronc chadélien.

C'est surtout en Egypte, en Algérie et au Maroc que les doctrines chadéliennes exercèrent leur influence. A leur tour, les contrées orientales de l'Arabie, la Perse et l'Inde, virent éclore une foule d'ordres nouveaux, sous le souffle toujours renaissant du soufisme. Au début du xiii° siècle paraissent les *Seherourdiya*, ou disciples de Chehab-ed-Dines Seherourdi, mort à Bagdad en 602 (1205). Absorption totale de la créature dans l'essence divine, voilà le but poursuivi par ces mystiques panthéistes. Pour arriver à cet état de béate quiétude, il n'y a qu'à répéter indéfiniment, sans interruption aucune, l'invocation : *Il n'y a de Dieu que Allah!* en ramenant la tête du nombril vers l'épaule droite. Lorsque, sous l'action de cette énervante récitation, le cœur « est pénétré des qualités glorifiantes », on passe à l'invocation simple, à la répétition ininterrompue du seul nom de Dieu, Dieu, Dieu...; et, quand, à la fin, le fleuve de l'extase a envahi les sens, on n'articule plus que le mot *Lui*, jusqu'à la chute de l'être tout entier dans la mort de l'inconscience muette. C'est l'apathie musulmane, l'inébranlable inertie érigée en système.

Tout autre est l'ordre des *Maoulaniya* ou *Mevlevis* créés par Djelal-ed-Din-Maoulana, mort à Koniah en 672 (1273). Les Mevlévis, plus connus des touristes sous le nom de derviches tourneurs, exercent encore aujourd'hui, en Turquie, une influence prépondérante ; ils ont la préséance sur tous les autres et leur chef, le grand Tchélébi de Koniah, possède le privilège de conférer l'investiture du sabre d'Osman à chaque nouveau sultan. Pour avoir été le plus grand des poètes mystiques, Djelal-ed-Din n'a point pour cela légué à ses disciples une doctrine trop raffinée : les Mevlévis, fort riches d'ailleurs, sont généralement de gais viveurs, et — ce qui ne gâte rien — très obséquieux envers le padichah ; leurs pratiques frivoles, accompagnées de danses et de musique, sont pour les voyageurs du Levant un agréable passe-temps (1).

Aussi riches que les Mevlévis, aussi souples à l'action du pouvoir et non moins populaires, les *Badaouiya* d'Egypte furent, à l'origine, un ordre militaire. Sid-el-Badaoui, né à Fez et fixé à Tantah, enseignait dans cette dernière ville les doctrines morales et mystiques du soufisme, lorsqu'il apprit l'invasion de l'Egypte par les chevaliers de Louis IX. Il se mit aussitôt à prêcher la guerre sainte et ses partisans contribuèrent puissamment à la victoire de Fareskour.

La défaite des infidèles apporta au Badaoui un regain de popularité, et son ordre compta désormais parmi les plus influents. A sa mort, survenue en 675 (1276), l'Egypte entière, la Tunisie, la Tripolitaine, la Syrie, le Yémen, la Mecque étaient peuplés de Badaouiya.

Tantah, qui possède le tombeau du fondateur, est resté le centre nominal de l'ordre ; c'est là qu'affluent, de tous les points du vaste domaine islamique, pèlerins et riches contributions, là aussi que s'accomplissent, à la fête commémorative de Sid-el-Badaoui, des orgies sans nom, des rites nocturnes renouvelés des mystères d'Astarté, là enfin

---

(1) Voir Th. Gautier, *Constantinople*, p. 132-142.

que des esclaves revêtus des armures prises autrefois sur les croisés, devaient, il y a quelques années encore, se laisser égorger par les adeptes, pour simuler la défaite des chrétiens. Jamais on ne vit plus cynique exploitation de l'humaine crédulité. Ajoutons, pour achever le tableau, qu'en cette même fête, le chef de l'ordre entre dans la grande mosquée, monté sur un âne rouge que la foule épile tout vivant, pour s'en partager religieusement les poils. Sid-el-Badaoui passe, en Egypte, pour le plus grand thaumaturge de l'Islam.

Après l'Egypte, voici le Khorassan, la terre classique de l'ascétisme mulsulman, où, tous les cinquante ans environ, surgit un ordre nouveau, qui renchérit en ferveur, ou mieux, en extravagance, sur les plus anciens. Là paraissent, au début du xiiie siècle, les *Haïdariya*, fondés par Kotb-ed-Din-Haïder, originaire de Zaouch, près de Nicabour. Très proches parents des Refaïya, de frissonnante mémoire, les enfants d'Haïder aiment, comme ceux-ci, à danser sur le feu ou à se rouler dans la braise. Détail caractéristique : ils portent des anneaux de fer aux mains, au cou, aux oreilles, et même... ailleurs, car ils font vœu de chasteté.

Nés en Perse, les *Nakechibendiya* appartiennent par un certain côté à la catégorie des ordres convulsionnaires. Armés de longs bâtons et les cheveux au vent, ils sautent en vomissant d'affreux hurlements, piétinent sur des cailloux aigus, se déchirent les pieds jusqu'au moment où, vaincus par d'atroces douleurs, ils roulent à terre sans connaissance. C'est surtout en Perse qu'ils se livrent à ces sauvages exercices. Quant à leur doctrine, elle va jusqu'aux dernières limites du panthéisme mystique. S'absorber en Dieu, voilà l'idéal ; développer dans la plus large mesure possible la force de volonté, *Qouat el Iradat*, voilà le moyen. Familiarisés, pour cela même, avec les divers phénomènes de la suggestion mentale, ils passent, aux yeux du peuple, pour être investis d'un pouvoir discrétionnaire sur la nature : prédire l'avenir, disposer à l'avance des événements, guérir les malades à distance, frapper au loin les ennemis sont les moindres de leurs attributs. Quand, dans leur méditation contemplative, l'extase tarde trop à se produire, ils appellent volontiers à leur aide l'opium ou ses succédanés. C'est là, paraît-il, un de leurs péchés capitaux ; leur conduite privée passe pour honnête aux yeux des bons musulmans. Beha-ed-Din-Nakechibendi, leur fondateur, est mort à Ksar-Arifan, en Perse, vers l'an 792 (1389) ; sa dépouille mortelle, transportée à Bokhara, y est encore l'objet d'incessants pèlerinages.

Pour être venus de la Perse, les Nakechibendiya n'en acquirent pas moins, dès leur entrée en Asie Mineure, un puissant crédit dans le nouvel empire ottoman, qui venait de se substituer, au cœur de la péninsule, à la dynastie locale des Turcs Seldjoukcites. Le clergé officiel et les fonctionnaires civils montrèrent le plus vif empressement pour la doctrine et les pratiques importées de Bokhara. Ce zèle cachait, au fond, une haine déjà forte pour une autre association toute militaire, celle des *Bektachiya*, devenue depuis peu une institution d'Etat. Son fondateur, Hadji-Bektach-Khorassani, avait béni, sous Orchan, les premiers janissaires ; et, depuis, son renom n'avait cessé de grandir, de même que la puissance de la nouvelle milice. Quand il mourut, en 759 (1357), ses adeptes étaient déjà les maîtres de l'armée ; ils gardèrent toute leur influence jusqu'en 1826, où ils furent enveloppés dans le massacre et les proscriptions ordonnés par Mahmoud II contre les turbulents janissaires. Tous ne périrent pas, et, malgré de récentes persécutions, ils comptent encore aujourd'hui de nombreux couvents dans la capitale et aux environs, où ils vivent sous un nom d'emprunt. C'est surtout en Albanie qu'ils ont conservé, avec l'indépendance, leurs traditions séculaires.

Le mysticisme n'a jamais tenu beaucoup de place dans leur vie. Au dire de quelques-uns, il n'y a de divinité que dans l'âme humaine, laquelle, sans quitter la terre, change constamment de demeure.

La morale consistera donc à jouir, mais sans nuire à personne ; le plaisir est une science qui s'acquiert par degrés. Sceptiques et épicuriens, très jaloux de leur liberté, très indépendants du pouvoir, un peu socialistes, mais, par ailleurs, désintéressés et philanthropes, voilà, en trois mots, ce que sont actuellement les Becktachis. Je dois ajouter qu'ils professent, en religion, le plus large éclectisme. Parmi les cinquante ou soixante derviches que compte chacun de leurs couvents d'Albanie, une enquête même sommaire découvrirait aisément nombre de chrétiens à qui on a révélé, comme à des musulmans authentiques, les secrets de l'ordre, mais sans exiger d'eux le sacrifice de leur foi. Ils assistent aux cérémonies liturgiques, d'ailleurs fort courtes, — cinq à six minutes chaque jour — et, le reste du temps, ils peuvent, si bon leur semble, remplir leurs devoirs de chrétiens. Cet étrange amalgame s'explique par l'origine même de la règle suivie par les Bektachis. Elle a eu pour auteur, non Hadji-Bektach lui-même, mais un chrétien persan devenu musulman ; on ne sera donc pas surpris de trouver en elle ce mélange de parsisme, de christianisme et d'islamisme qui en fait l'originalité. Les emprunts au christianisme ne sont nullement déguisés. Jamais, par exemple, un Bektachi ne boira, fût-ce un simple verre d'eau, sans faire préalablement avec le verre le signe de la croix devant la bouche. Chose plus curieuse encore pour des musulmans : certains Bektachis font vœu de chasteté, et, comme marque extérieure de cette profession, ils ont un trou à l'oreille, ce qui permet de les distinguer extérieurement de leurs confrères mariés (1).

Les *Mélamiya* sont tombés, comme les Bektachis, sous le coup de récentes proscriptions. Fondés par Abou-Ali-Youssef-el-Kalenderi, mort

---

(1) Voir, sur les Bektachis, Assàd-Effendi, *Précis historique de la destruction des Janissaires*, trad. Caussin de Perceval, Paris, 1833, p. 298-329 ; L'Albania (*Revue Albanaise*), Bruxelles, 1898.

à Paniput près de Delhi en 724 (1323), ils ont d'abord acquis, sous le nom de Kalenderiya, une célébrité particulière, grâce aux « Mille et une Nuits ». Vivre d'aumônes, toujours voyager, le plus souvent sans chaussures, ne rien avoir en propre, telles étaient leurs principales obligations. Par malheur, une hostilité à peine déguisée contre l'enseignement orthodoxe et les gouvernements établis leur attira, de bonne heure, de violentes persécutions, et leur valut ce nom de Melamiya, les *Réprouvés*, qu'ils portent encore. Au reste, ils ne comptent plus, dans l'Inde et en Perse, que des groupes isolés. En Turquie où, depuis la réforme du cheikh Hamza, mollah de Brousse (969-1561), on les appelle *Hamzaouiya*, ils vivent à l'état de société secrète, et leur organisation présente de frappantes analogies avec celle de la Franc-Maçonnerie européenne. Leurs tombeaux sont souvent marqués de triangles aux dispositions bizarres.

Nous revenons, avec les *Saadiya*, aux phénomènes d'hystérie religieuse, si chers aux fakirs musulmans. Leur fondateur, Saad-ed-Din-el-Djebaoui, avait débuté, à Damas, par une jeunesse orageuse. Chassé du foyer paternel, il s'était installé, à la tête d'une bande de brigands, dans les repaires impénétrables des forêts de l'Haouran, coupant impunément les routes entre Bagdad et Bassora. La légende, visiblement inspirée par l'histoire de saint Paul, nous le montre, un beau jour, terrassé par une force invisible. Le Prophète lui apparaît et lui indique la voie à suivre. D'abord simple adepte des Refaïya, il fonde bientôt, à Djaba, près de Damas, un ordre nouveau, et ne cesse, jusqu'à sa mort, « de donner des preuves d'une évidente sainteté ». Non contents de copier le mysticisme extatique des Refaïya, les Saadiya leur ont encore emprunté bon nombre de pratiques fakiristes. La cérémonie du Doseh, si souvent décrite par les voyageurs qui ont visité l'Egypte, constituait un de leurs exercices favoris. On sait en quoi elle consistait. A certaines fêtes, les adeptes de la secte s'étendaient, côte à côte, dans la rue, et, sur ce pavé humain, le chef de l'ordre s'avançait à cheval pour se rendre à la mosquée. Interdit par le gouvernement anglo-khédivial, le Doseh n'existe plus aujourd'hui qu'à l'état de souvenir. Quand, de temps à autre, le cheikh des Saadiya trouve encore devant sa porte des fidèles étendus, il se contente de passer à pied sur leur dos (1).

Autant les Saadiya aiment à exhiber leurs jongleries sous les yeux d'un public crédule ou simplement curieux, autant les *Khelouatiya* recherchent l'obscurité, la retraite, le mystère. Jamais, depuis les jours de Djonéïdi, l'Islam n'avait vu sortir de son sein un ascète comparable à Omar-el-Khelouati, mort à Césarée de Syrie, en l'an 800 (1397). Omar passait jusqu'à douze jours de suite sans prendre d'autre nourriture qu'un peu de pain et d'eau ; on assure même qu'il observait parfois ce régime pendant quarante jours entiers. D'autres, après lui, voulurent copier ses exemples : d'où leur nom de *Khelouatiya*, les « retraitants ». Au milieu de ses austérités, Omar n'avait songé à aucune organisation hiérarchique. Aussi ses adeptes se fractionnèrent en autant de groupes indépendants et distincts qu'il y eut de chefs capables d'imposer leur autorité. Ainsi parurent tour à tour les *Bekriya* (909-1503), les *Hafnaouiya* (1163-1749), les *Rhamaniya* (1208-1793), les *Derdiriya* (1292-1875) et bien d'autres encore, tous Khelouatiya à leur manière (2).

Se tenant comme aux antipodes de cet extrême mysticisme, les *Aïssaoua* renchérissent encore dans leurs pratiques sur les extravagances des Refaïya et des Saadiya. Leur chef, Si Mohammed-ben-Aïssa, chérif marocain de Méquinez, passe pour un des plus grands thaumaturges de l'Islâm. C'était, en style de boulevard, un vrai farceur.

(1) Le Chatelier, p. 210-226.

(2) On compte au moins quinze groupes de Khelouatiya pour la Turquie et les pays voisins. Je ne puis, faute de place, en raconter l'origine, ni même les énumérer tous. On trouvera de bons renseignements à ce sujet dans Le Chatelier, p. 48-77. Voir également Rinn, p. 290-302.

Faut-il rappeler ce sacrifice volontaire de quarante de ses disciples, qui se rendaient l'un après l'autre derrière une porte pour y être égorgés, et auxquels on substituait, à l'heure critique, d'inoffensifs moutons? Pour donner le change à la foule, chacun poussait à son tour des cris déchirants, pendant que le sang des innocentes victimes coulait au dehors. Ce sont pourtant des prodiges de ce genre qui valurent à Si Mohammed la plus étonnante fortune. Après sa mort (930-1523), ses disciples n'eurent d'autre ambition que de reproduire tant bien que mal les fantastiques miracles de leur maître. Aujourd'hui encore, leurs réunions sont de pures séances de fakirisme. A la litanie initiale succèdent des cris rauques, cadencés par une sourde musique et accompagnés de flexions accélérées du corps ou de mouvements circulaires de la tête. Quand tout le système nerveux est ébranlé et l'ivresse cérébrale complète, ces énergumènes se percent les bras et les mains, les joues et les lèvres de dards effilés, s'entaillent à coups de sabre la gorge ou le ventre, broient du verre entre leurs dents, mâchent des feuilles de cactus, avalent des animaux venimeux jusqu'à ce qu'ils tombent, épuisés, dans la torpeur morbide du boa qui digère. Ils appellent cela « s'absorber en Dieu » (1). Leurs livres spirituels n'en sont pas moins remplis de prescriptions morales, de pieuses élévations, d'exhortations pittoresques. En voici une à titre d'échantillon. Je la donne de préférence à toute autre, parce qu'elle se retrouve dans une foule d'auteurs mystiques, depuis que Si Hassan-el-Bosri l'a imposée à tout soufi, dès le IIᵉ siècle de l'Hégire (110-728). « On doit chercher à posséder les dix qualités qui se trouvent dans le chien : ne dormir que peu dans la nuit, ce qui est la qualité des âmes vraiment aimantes ; ne se plaindre ni de la chaleur ni du froid, ce qui est la qualité des cœurs patients; ne laisser après sa mort aucun héritage, ce qui est le caractère de la

---

(1) M. Vigouroux a cru reconnaître en eux des prêtres de Baal. Voir sa curieuse étude dans la Revue Biblique V (1896), p. 227-240. Comparer Rinn, p. 303-334 ; Le Chatelier, p. 100-105.

véritable dévotion ; n'avoir ni colère ni envie, ce qui est le caractère du vrai croyant ; rester loin de celui qui mange, ce qui est le caractère du pauvre ; n'avoir aucun domicile fixe, ce qui est le caractère du pèlerin ; se contenter de ce qu'on vous jette à manger, ce qui est le caractère de l'homme modéré ; dormir où l'on se trouve, ce qui est le caractère des cœurs satisfaits ; ne pas méconnaître son maître, et, s'il frappe, revenir à lui, ce qui est le caractère de ceux qui savent ; avoir toujours faim, ce qui est le caractère des hommes vertueux (1). »

Comme l'ordre des Aïssaoua, celui des Taïbiya est marocain. Il a été constitué au Maroc pour venir en aide au gouvernement du sultan. Le chérif d'Ouazzan, Mouley Taïeb, qui fonda l'ordre dans la seconde partie du xviie siècle (1089-1678), descend de Mouley Idris ben Abdallah ben Haam, fils du calife Ali ben Abou Taleb et fondateur de la dynastie marocaine des Idricites. Il releva de sa popularité et de son prestige l'autorité fort compromise du sultan son parent ; grâce à son appui, celui-ci put gouverner des sujets jusqu'alors à demi rebelles. De son côté, le sultan exagérait à dessein le pouvoir spirituel du chérif ; pour donner à la multitude une marque éclatante de sa déférence, il l'éleva à ses côtés, s'inclina devant lui, alla jusqu'à recevoir de ses mains l'investiture. Ces concessions étaient habiles : elles étaient nécessaires ; aucun pouvoir n'eût pu se maintenir au Maroc si le despotisme de la foi n'avait pas abaissé devant le trône des hordes belliqueuses qui ne demandaient qu'à tenir le pays en état d'anarchie, et changé des barbares non seulement en croyants, mais en sujets. Propager la discipline d'un seul et même ordre au Maroc, c'était modifier entièrement les mœurs de ses habitants, substituer au désordre l'esprit de soumission ; c'était le moyen non seulement d'obtenir la paix, mais de percevoir des impôts,

(1) Rinn, p. 315.

de constituer l'Etat (1). Chose surprenante : le dernier chef des Taïbiya, non content de la force qu'il tenait de l'importance de son ordre, a sollicité la faveur d'être inscrit comme protégé français. Sa conduite, flatteuse pour nous, a provoqué la discorde parmi ses coreligionnaires. Des sectes réactionnaires se sont formées qui ont amené, entre les principales familles de l'ordre, de profondes divisions.

L'histoire des Taïbiya est celle de tous les ordres : avec le temps, la discorde s'est mise entre eux et les a rendus peu redoutables. S'il y a un avantage pour la civilisation chrétienne dans cet état de choses, les musulmans clairvoyants ont pu y voir la menace d'une désagrégation des forces de l'Islam. Arrêter ou, s'il était possible, prévenir cette désagrégation, plus d'un pieux personnage en a eu la pensée : deux hommes y consacrèrent leur existence. L'un, qui vint trop tôt pour le succès de son œuvre, était Mohammed Tidjani; l'autre, qui parut au contraire à l'heure même du péril, au lendemain de Navarin et de la prise d'Alger, fut le Cheikh-Senoussi (2). Inspirés tous deux par cette pensée supérieure de resserrer l'union des musulmans, Tidjani et Senoussi devaient chercher l'un et l'autre le moyen d'attirer à eux les sectes qui se partageaient les fidèles. Dans ce dessein, les deux fondateurs firent preuve de l'éclectisme le plus large. Chacun d'eux a pris soin de composer sa règle de telle sorte que toute secte importante pût y retrouver les éléments de la sienne. Cet éclectisme nécessaire est, d'ailleurs, le seul trait commun aux deux chefs. Leurs doctrines, malgré un point de départ identique, sont aussi différentes l'une de l'autre par leurs effets que la nuit du jour ; la seconde est le

(1) D'ESTOURNELLES DE CONSTANT, p. 109 ; RINN, p. 369-384 ; LE CHATELIER, p. 106-108.

(2) D'ESTOURNELLES DE CONSTANT, p. 112. Ici et dans les pages qui suivent, j'emprunte la pensée et, autant que le comporte le cadre de ce livre, les expressions mêmes de cet auteur. Personne n'a mieux saisi le caractère général de ces deux ordres ; personne non plus n'a mieux su l'exprimer.

contraire de la première : celle de Tidjani demande aux Musulmans de vivre en bonne amitié avec la civilisation tout en sauvegardant leur indépendance; celle de Senoussi, moins conciliante, oppose à l'expansion du génie occidental la retraite, la concentration, la résistance obstinée. Si toutes ces dénominations n'étaient pas aussi éphémères, nous dirions que les Tidjaniya sont les opportunistes et les Senoussiya les intransigeants de l'Islam. Or, ce sont les intransigeants qui l'ont emporté : leur nombre ne cesse de s'accroître, tandis que, chaque jour, il faut l'avouer, les opportunistes perdent du terrain.

Le fondateur des Tidjaniya, Si-Ahmed-ben-Salem, était né à Aïn-Mahdi, près de Laghouat, dans le quartier des Tidjini ou Tidjani, d'où lui vint son nom. Il fit très jeune des études brillantes à Fez et pouvait, à seize ans, continuer les cours de son père ; le sultan du Maroc le combla de faveur. Comme il s'adressait de préférence aux faibles, il eut très vite de nombreux affiliés. La règle qu'il leur imposait n'était pas rigoureuse : il simplifiait leur culte, le dépouillait de ce qu'il avait dans les autres ordres de mystique et d'abstrait ; les fidèles n'avaient même pas à s'adresser à Dieu directement, à Dieu invisible, lointain : il leur suffisait d'invoquer le cheikh ; celui-ci transmettait leur prière à Dieu, il se faisait l'intermédiaire entre eux très humbles et lui très haut ; il recevait les plaintes, il répandait la grâce, car seul le cheikh a le pouvoir d'être entendu de Dieu ; c'est à lui seul que Dieu parle, à lui seul — et à ses successeurs — qu'il a donné le droit de bénir et d'absoudre en son nom. La conséquence de cette interposition était celle-ci : « Quiconque a fait du bien au cheikh, à ses parents, à ses descendants, à ses serviteurs, est digne des bienfaits divins. » Un chrétien peut y réussir comme un musulman.

Tidjani s'était ainsi donné un pouvoir exorbitant, difficile à conserver. Ses successeurs ont été entraînés par la logique même de leur doctrine à des abus dont on a pu tirer parti contre eux ;

aujourd'hui l'ordre est en pleine décadence. Sa tolérance pour les chrétiens n'a pas été la moindre cause de son impopularité et de son insuccès dans le monde arabe (1).

A l'inverse, Senoussi s'est bien gardé de se compromettre par des relations avec les Européens. Sa vie, consacrée tout entière à l'édification de son œuvre, est bien faite pour exciter l'admiration et la piété chez les croyants. Cheikh-Senoussi naquit en 1206 (1791) dans les environs de Mostaganem, en Algérie. D'origine chérifienne, il remplissait la première des conditions exigées de celui qui doit être ou de celui qui doit engendrer le Messie (Mahdi) et avait droit au turban vert. A Fez, où il fit ses études, il brilla, de 1822 à 1830, par l'étendue de son érudition et son éloquence. Quand il quitta le Maroc pour aller vivre à Laghouat de ses leçons, il était affilié aux principales congrégations marocaines. Son séjour à Laghouat fut de courte durée. Forcé d'abandonner cette ville en face de l'hostilité des Tidjaniya, il résolut de mener une vie tout apostolique. Messad, Gabès, la Tripolitaine, le Benghazi, le Caire enfin, entendirent tour à tour ses prédications. Au moment de son arrivée en Egypte, les réformes de Méhémet-Ali soulevaient encore les discussions religieuses les plus ardentes : Senoussi se déclara ouvertement contre la politique civilisatrice du vice-roi. Expulsé du Caire, il se rendit à La Mecque et à Médine, et s'y lia avec tous les chefs d'ordre de l'extrême Orient. Il ne réussit pas à s'y maintenir : la violence de sa polémique, et sans doute aussi son influence sur les foules lui avaient aliéné le clergé orthodoxe. Alors il prit le parti de fonder dans le désert, au Djebel-Koubis, un couvent où il espérait attirer et grouper autour de lui les mécontents. Méhémet-Ali sut lui rendre le séjour dans sa retraite impossible : les haines religieuses l'y poursuivirent et sa vie même fut menacée. Revenant sur ses pas, Senoussi traversa

---

(1) Voir Rinn, p. 416-451 ; Le Chatelier, p. 191-202.

audacieusement le Caire, prit terre à Benghazi, sur les côtes orientales de la Tripolitaine, et descendit vers le sud-est jusqu'au Djebel-Laghdar où il établit le premier couvent de l'ordre des Senoussiya. A dater de ce jour, commence la seconde période de sa vie, la période de l'organisation après celle de l'apostolat (1843). Après de longues années, le fondateur se crut trop rapproché de la mer : sa propagande s'étant répandue comme si le vent en eût dispersé partout les germes féconds, il poussa plus avant dans la même direction sud-est, et se fixa à trente-deux jours de marche de Benghazi, au désert, près des oasis de Syouah, en un point appelé Djarboub.

Nul choix ne pouvait être meilleur : les populations au milieu desquelles il allait s'isoler du monde chrétien, loin de toute surveillance et de tout contrôle, étaient à la fois denses et disposées à recevoir son enseignement ; bien plus, il se mettait ainsi en communication directe avec les grandes régions africaines du nord, du centre, de l'ouest et de l'est, par les caravanes qui traversent continuellement Syouah. Le Ouadaï, le plus guerrier des États du Soudan, converti par ses missionnaires, se rallie à sa cause. Le Benghazi, le Fezzan, les pays touaregs accueillent avec empressement la nouvelle doctrine. Quant à ceux qui vivent côte à côte avec les chrétiens, Senoussi leur dit : « Venez à moi ». Ses envoyés ont pour mission de recruter le plus possible de fidèles, de leur faire quitter le pays. La Tripolitaine se peuple insensiblement d'émigrés, venus de tous les points occupés ou seulement fréquentés par les chrétiens. On ne saurait évaluer en chiffres les résultats de cette propagande panislamique. Partout, dans toutes les classes de la société, on compte aujourd'hui des Senoussiya ; quand ils ne peuvent, par la persuasion ou la menace, recruter des adhésions, ils s'assurent du moins une neutralité qui leur permet d'exercer impunément leur action. Le sultan, contre lequel en fait cette action s'exerce, n'a rien trouvé de mieux, pour se défendre d'une secte qui pouvait lancer contre lui l'anathème, que d'en faire partie.

Une des conceptions les plus intelligentes de Senoussi est d'avoir ouvert son ordre à tous les musulmans ; on peut s'y enrôler sans cesser d'appartenir à une autre congrégation. Des Kadriya, des Rahmaniya, des Taïbiya, des Derkaoua sont Senoussiya ; ils n'ont pas à faire le sacrifice de leurs affiliations antérieures et des avantages de toute nature qu'ils peuvent en tirer ; s'ils sont Moqaddem, ils conservent leurs titres et leurs privilèges : en un mot, ils ne changent ni de doctrine, ni même de nom ; c'est à peine s'ils s'aperçoivent qu'ils entrent dans une autre secte. Si le nouvel élu se conforme aisément aux pratiques pieuses et aux prières de l'ordre, il est insensiblement conduit par un rigorisme sévère à l'éloignement du monde chrétien, mais il y est conduit prudemment, d'étape en étape, comme s'il y arrivait de lui-même. Faire le vide autour des nations chrétiennes, créer entre elles et l'Islam un fossé infranchissable, tel est, en résumé, le système que Senoussi a inauguré, qu'il a développé avec d'autant plus de succès qu'il semble ne rien exiger des croyants qui viennent à lui.

Le réformateur vécut assez longtemps pour achever son œuvre; quand il mourut, en 1859, il la laissait déjà complète à ses successeurs. Il avait fait disparaître bien des rivalités, réuni en un même corps les forces éparses de l'Islam. Sa puissance peut devenir, entre les mains de son héritier, une arme formidable, car tout est préparé pour que les Arabes voient en lui l'élu de Dieu, le Messie. Si le mouvement madhiste qu'attend le monde arabe se produit jamais, quiconque a des intérêts en Afrique ou en Orient verra ces intérêts atteints.

Gardons-nous cependant de rien exagérer. Pour être redoutable, cette fusion des ordres musulmans orthodoxes dans l'ordre des Senoussiya présente bien des faiblesses. D'abord, le lien qui tend à unir toutes les sectes, quelle est sa force ? Si un musulman qui devient Senoussi reste attaché, comme il lui est permis, à une autre congrégation, jusqu'à quel point obéira-t-il au signal qui lui ordonnerait de prendre les armes? Possible dans le Soudan, cette fidélité aux ordres du Cheikh-el-Madhi de Djarboub semble bien illusoire en Algérie, au Maroc, en Tunisie, en Égypte, dans les pays où les indigènes ont avec les Européens des intérêts communs — En outre, en admettant que les populations qui nous touchent tombent d'accord pour se soulever, cet accord sera-t-il durable? Rien n'est moins probable. L'Islam porte toujours dans ses flancs les germes de divisions que Senoussi a voulu arracher; si l'insurrection éclate, la discorde ne manquera pas de la mutiler. Lorsque, en 1885, le faux madhi de Khartoum propagea la révolte dans le Soudan égyptien, il invita le grand maître des Senoussiya à le seconder dans la guerre sainte : celui-ci refusa. Ce désaccord est significatif. D'autre part, le sultan n'a nulle envie de laisser prendre par le solitaire de Djarboub la direction du panislamisme, dont le rêve trouble son auguste sommeil. Ce ne sont pas seulement les chrétiens, ce sont encore les Turcs, maîtres du pays où s'est développée surtout la civilisation de l'Occident, que les Senoussiya auront à vaincre. Tout le programme des Senoussi tient dans cette formule : « Turcs et chrétiens, je les briserai d'un seul coup. » L'objectif est grandiose, mais de difficile accès. Enfin il existe un dernier point faible, incertain du moins, dans cette organisation immense : le chef est-il à la hauteur de sa mission? On dit qu'il attend, qu'il se cache pour vivre à son aise dans la débauche et que son abstention n'a d'autre cause qu'une âme pusillanime et un caractère amolli. S'il en est ainsi, le Senoussisme est comme un corps décapité, en proie dès ce moment à une lente décomposition. L'invasion du panislamisme qui nous menace ne semble donc pas prête de se produire (1).

(1). D'Estournelles de Constant, p. 115-126 ; Rinn, p. 481-515 ; Le Chatelier, p. 257-295.

CHAPITRE II

Règles communes

Comment se forme un ordre. — *La Chaîne.* — La Révélation. — *La Voie.* — Doctrines mystiques : Extérioristes et Intérioristes. — L'Initiation. — Le Costume. — Obligations morales : la Kheloua. — Le dikr quotidien et le dikr solennel. — L'ouerd et l'hezb. — Obligations pécuniaires et cotisations diverses.

Tous les ordres de l'Islam naissent et grandissent dans les mêmes conditions, se propagent par des moyens identiques, et meurent fatalement par la force des mêmes causes. A une première période de développement rapide, de luxuriante floraison, où, sous la poussée d'une sève abondante, les rameaux se multiplient vigoureux et robustes, succède un temps d'arrêt ; les branches qui ont poussé au loin se détachent les unes après les autres du tronc principal, végètent avec plus ou moins de bonheur, jusqu'à ce que leurs propres rejetons amènent, par leur développement même, une scission nouvelle, cause d'un nouveau dépérissement : image fidèle du peuple arabe, le plus vigoureux, le plus fécond, mais le plus inconstant, le plus indiscipliné de tous les peuples.

C'est généralement par des prédications que le futur fondateur affirme sa mission et inaugure son œuvre. S'il réussit, si sa parole trouve de l'écho, il s'entoure de quelques disciples auxquels il communique, avec les secrets reçus d'en haut, ses plans d'organisation. Dès que ce premier groupement s'est effectué, l'initiateur de la « voie » nouvelle transforme sa maison en couvent : métamorphose qui s'opère à peu de frais. Au rez-de-chaussée on érige un mausolée où sont placés les restes d'un ancêtre vénéré ; on a soin, en vue d'attirer les regards, de ne fermer que d'une grille la porte qui s'ouvre sur la rue ; on décore la pièce de grands dessins de couleur, d'écriteaux calligraphiés, de lampes en verre. Une pièce adjacente devient la salle de réunion. Enfin, on badigeonne la façade en vert, symbole de pénitence. Quand la maison du fondateur ne peut se prêter à la transformation, ou — ce qui n'est pas rare — quand le fondateur n'a pas même de maison, il construit, sur le produit des offrandes et des quêtes, ou il s'approprie une *zaouia*, mosquée, séminaire, qui devient la maison-mère de l'ordre (1). C'est là qu'il se fixe, de là qu'il donne ses directions tout en y continuant son enseignement. Désormais, il prend le titre de grand-maître ou cheikh. L'ordre est fondé ! Reste à lui assurer l'existence canonique.

Tout ordre, quelle que soit son origine, constitue dans l'Islam, un être moral distinct, une collectivité qui aspire à vivre de sa vie propre. Mais rien n'est ombrageux, rien n'est intolérant comme l'orthodoxie islamique. La première préoccupation d'un fondateur sera donc de demeurer orthodoxe. S'il prétendait fonder un schisme ou se rattacher à un schisme existant, le mécontentement que soulèverait infailliblement son apparition ne manquerait pas de paralyser l'effet de sa propagande ; sa vie même serait en danger. On a vu tout récemment encore des novateurs imprudents payer de leur tête leurs prédications téméraires. Rien n'est facile, d'ailleurs, comme d'établir son orthodoxie, comme de prouver la correction de sa foi. Pour cela, le chef d'ordre n'a qu'à arrêter ce que les musulmans appellent la *chaîne* « Selselat », c'est-à-dire une généalogie d'ancêtres spirituels, partant du fondateur lui-même pour remonter, de docteur en docteur, jusqu'à Mahomet, et, par delà le Prophète, jusqu'à l'ange Gabriel, le porte-voix d'Allah dans la révélation. Parallèlement à cette chaîne mystique, à cette filiation doctrinale, le fondateur dresse souvent une véritable généalogie qui le fait descendre du Prophète par Fathma-

(1) Zaouiya : école, monastère. C'est l'endroit où réside un marabout, un chef d'ordre, où les disciples se réunissent autour de leur maître ; parfois un établissement considérable, le plus souvent une simple mosquée, celle où le cheikh fait habituellement ses dévotions ; quelquefois même ce terme n'a qu'une valeur figurée, et signifie simplement la résidence du cheikh.

Zohra et Ali-ben-Abou-Taleb. Cette noblesse d'origine, pour être des plus problématiques, n'en ajoute pas moins à son prestige ; elle lui vaut le titre de *chérif* ou *cherfa*, titre envié, mais très commun : il en est un peu de la filiation prophétique dans l'Islam comme du cousinage en Bretagne (1).

Vraie ou supposée, cette filiation par le sang ou par la doctrine jouit de la même autorité aux yeux des musulmans ; en permettant à un chef d'ordre d'abriter son enseignement derrière le nom de maîtres d'une orthodoxie reconnue, elle met sa personne à couvert de tout reproche d'hérésie et ouvre à sa propagande le champ d'une libre expansion à travers le monde musulman tout entier.

Parmi les anneaux de ces chaînes, un grand nombre forment le point d'attache de plusieurs chaînes différentes. Celles-ci viennent toutes se souder au Prophète par Ali-ben-Abou-Taleb ou par Abou-Beker-es-Seddik, et plus on remonte vers cette commune origine, plus fréquent est le retour d'un même nom dans des généalogies diverses. L'examen de ces pièces serait donc le meilleur guide pour une étude comparée des différents ordres ; la présence d'un même nom, en révélant certains points de contact, permettrait d'établir plus sûrement la genèse respective de deux ou plusieurs congrégations.

Les noms des docteurs ou des saints qui composent la chaîne sont généralement accompagnés d'une dénomination spéciale, d'un titre plus ou moins élevé, plus ou moins pittoresque, comme ces épithètes de *subtil*, d'*angélique*, de *séraphique*, d'*irréfragable* accolées, dans notre terminologie scolastique, aux grands noms de Scot, Thomas d'Aquin, Bonaventure, Alexandre de Halès. Mais, tandis qu'en Occident un seul mot suffit à désigner un personnage, l'emphase orientale déroule sur la même tête d'interminables litanies

---

(1) Voir, dans Rinn, tout un chapitre sur les faux chérifs, p. 127-137.

de titres ; la plupart se réfèrent à la sainteté surabondante de l'ancêtre, et à sa toute-puissante influence sur le cœur d'Allah.

Il existe sur la terre, au dire des musulmans, un nombre toujours constant de saints, quatre mille selon les uns, trois cent cinquante-six selon les autres. Distribués en sept classes, suivant leurs degrés de sainteté, ces êtres privilégiés ont, dès cette vie, accès au ciel et forment par leur réunion le « refuge du monde », *Ghouts-el-Alem*. Au sommet de la hiérarchie se trouve le « grand Ghouts », *Ghouts-Adham*, le refuge suprême, le sauveur ; telle est la surabondance de ses mérites qu'il peut, sans compromettre son propre salut, satisfaire pour les péchés d'autrui. Par malheur, personne ne le connaît, et lui-même s'ignore. — Auprès du Ghouts, mais à un degré inférieur, est placé son vizir ou premier ministre, avec le titre de *Qotb*, « étoile polaire, pôle, axe du monde »; c'est le saint le plus influent de sa génération, celui qui occupe le sommet de l'axe autour duquel la pauvre humanité tourne sans fin. Pour plus de précision, on l'appelle souvent *Qotb-el-Ouoqt*, « le pôle de l'époque », *Qotb-el-Qtoub*, « le pôle des pôles ». — Au-dessous du *Qotb*, on rencontre les *aoutad* ou « piquets » : il n'y en a que quatre à la fois, un pour chacun des points cardinaux, avec La Mecque pour centre. — A la différence des *piquets*, les *khiar* ou les « *élus*, les choisis, les meilleurs» sont des missionnaires errants ; peu nombreux — on n'en compte que sept — ils sont toujours en course, promenant en tout lieu le flambeau de l'Islam. — Les *Abdal* ou « changeants » occupent le cinquième degré de l'échelle mystérieuse ; certains interprètes en comptent sept, d'autres quarante, d'autres enfin soixante-dix ; mais, en toute hypothèse, leurs cadres sont toujours formés : l'un d'eux vient-il à être emporté par la mort inéluctable, un autre le remplace à l'instant ; de là leur nom collectif de *changeants*. — Tandis que les Abdal vivent surtout en Syrie, les *Nedjab* ou « excellents », au nombre de soixante-dix, préfèrent le séjour de l'Egypte. — Le reste de l'Afrique est placé sous la sauvegarde de trois cents *Negab* ou « chefs de groupe », connus seulement de leurs égaux ou de leurs supérieurs en sainteté ; ils n'ont pas personnellement conscience de leur mérite. Les titres qui précèdent s'appliquent à des personnages vivants ; au contraire, celui de *ouali* ou « saint », pendant du *macarios* des Grecs, ne saurait convenir qu'aux morts ; il résulte d'une sorte de canonisation populaire.

Ces explications sommaires aideront le lecteur à comprendre la phraséologie des chaînes ou des diplômes délivrés par les chefs d'ordre à leurs inférieurs. En voici un extrait, où je supprime à dessein une kyrielle de noms arabes, à l'aspect rébarbatif : « Moi, l'impuissant et le faible, le pauvre devant Dieu, le serviteur des pauvres, Si Sliman el Kadri, fils de..., fils de..., fils de..., fils de Sa Seigneurie, l'étoile polaire de l'existence, la perle blanche, le guide dans la religion, le préféré de Dieu, l'imam,... l'étoile des étoiles, le pôle des pôles, l'axe du monde, le recours suprême des affligés, le refuge, le sauveur, l'élu, le choisi, le meilleur, l'intermédiaire obligé entre le monde et le ciel, Sidi Abd-el-Kader el Djilani, fils de..., fils de..., fils de... » ainsi jusqu'à Abou Taleb, et, de ce dernier, jusqu'à Adam « père des hommes, lequel fut créé avec de la boue ; la boue vient de la terre ; la terre, de l'écume ; l'écume, des flots ; les flots, de l'eau ; l'eau, de l'esprit de Dieu ; l'esprit, de sa puissance ; sa puissance, de sa volonté ; sa volonté, de sa science (1). »

La chaîne, réelle ou fictive, familiale ou mystique, a surtout pour but — je l'ai déjà dit — d'affirmer l'orthodoxie du fondateur en face du clergé officiel ou des ordres rivaux, dont l'ombrageuse jalousie ne saurait manquer d'être éveillée par l'apparition d'une congrégation nouvelle. Pour attirer à lui des adeptes nombreux et étendre rapidement sa popularité, condition indispensable de succès, le fondateur emploie un autre moyen :

(1) Rinn, p. 179.

il se donne presque toujours comme inspiré de Dieu : il a été témoin d'un miracle, il a été choisi pour recevoir du ciel la « révélation ». Celle-ci lui a été transmise, la nuit, dans un songe merveilleux, ou apportée, un jour donné, par Sid-el-Khadir (1). Cet auguste messager d'Allah lui a révélé les secrets de l'avenir ; il lui a octroyé surtout les dons de *Baraka* et de *Tessarouf*. Dépositaire de la *Baraka*, le fondateur peut multiplier les miracles à son gré ; investi du *Tessarouf*, il acquiert le droit d'être exaucé dans toutes ses demandes (2). Après sa mort, ces glorieux attributs passeront à ses successeurs dans le gouvernement de l'ordre ; ils se transmettront même, comme chez les Aïssoua, à tous les membres par le canal de l'union mystique qu'établit, entre ces derniers et leur chef, la crise extatique. Superstitieux et crédule, le musulman est bien vite dupe : il accourt avec un religieux empressement et abandonne tout, corps et biens, entre les mains de l'envoyé d'en haut. C'est au caractère surnaturel du fondateur que la plupart des ordres sont redevables de leur extension rapide et de l'influence considérable qu'ils exercent sur la société islamique. Admise sans peine par la foule, cette investiture divine est toujours contestée par les musulmans éclairés, étrangers à l'ordre ; elle ne suffirait pas à préserver de l'accusation d'hérésie le novateur qui ne ferait pas connaître en même temps les origines scientifiques de sa doctrine. « La révélation augmente le prestige du chef de la secte, la chaîne seule le justifie : elle est la base de son enseignement, son acte de foi (3). »

En même temps que la chaîne, le fondateur rédige, s'il ne l'a pas reçu directement du ciel, la

---

(1) Ce personnage est le prophète Elie, mais dédoublé : tandis que sous le nom d'Elias, il erre sur la terre, il vit, sous celui d'El-Khadir au fond de la mer. Un jour par an, Elias et El-Khadir se rencontrent pour se concerter : El-Khadir est alors l'intermédiaire entre Dieu et les hommes.

(2) Le mot *Baraka* signifie « bénédiction », dans le sens restreint de grâce, faveur, effusion de biens ; *Tessarouf* marque le don de dispensateur, d'arbitre des forces de la nature.

(3) D'Estournelles de Constant, p. 101.

règle particulière que devront suivre ses adeptes : c'est ce qu'on appelle la « voie » *triqa*, le sentier qui mènera plus directement au Paradis le croyant assez courageux pour en gravir sans défaillance la pente roide et glissante. Tous les ordres ont naturellement leur *triqa*. Un ensemble d'idées, de symboles et de rites auquel se rattache une organisation hiérarchique plus ou moins complète, voilà bien ce que l'on entend par ce mot ; mais il implique en même temps l'exclusion de toute doctrine, de tout rituel et de toute hiérarchie étrangère. Chaque ordre a pour opinion que sa *triqa* est la seule bonne et la seule vraie (1). L'intolérance ainsi entendue est pour tous, les Senoussiya exceptés, un principe fondamental et une condition d'existence. N'en est-il pas de même dans toutes les orthodoxies ? L'étude comparée des diverses règles permet de réduire à trois leurs éléments constitutifs : ce sont la doctrine mystique, les rites caractéristiques et les pratiques analogues à celles que les ascètes catholiques rangent sous le terme générique de « moyens de perfection ».

La doctrine générale est la même dans tous les ordres. Sans doute, elle comprend, dans chacun d'eux, de nombreuses obligations nettement spécifiées : connaissance de Dieu, obéissance aux décrets de la Providence, observation de la Sounna, etc. Mais ces prescriptions, communes à tous les adeptes de l'Islam, n'ont, pour les *congréganistes*, que la valeur de simples généralités. Si chaque fondateur les rappelle avec insistance, c'est avant tout pour mettre sa doctrine personnelle en parfaite concordance avec les textes sacrés, avec les paroles tombées des lèvres du Prophète. Sans cette précaution, on le dénoncerait comme hérétique. Aussi, jamais il n'émet d'opinion, ne prononce de jugement, ne formule de décision, sans invoquer à l'appui de son dire un verset du Coran, un texte de la Sounna, ou, tout au moins, le con-

(1) Par extension, ce mot désigne l'ordre lui-même. Ainsi Triqa Sidi Abd-el-Kader est la *voie* ouverte par Sidi Abd-el-Kader, *l'ordre* institué par lui. L'ordre des Senoussiya est le seul qui ne soit point *exclusif*. Cf. ci-dessus, p. 26.

sentement unanime des docteurs. Rien, du reste, n'est moins prouvé qu'un consentement de cette nature. Moyennant la formule stéréotypée : « J'ai appris d'un tel, qui l'avait su par N..., qui le tenait lui-même de N..., à qui cela avait été rapporté par N... », on tire du Coran ou de la Tradition toutes les doctrines possibles : c'est une source inépuisable d'arguments. La liste des autorités invoquées par le maître se nomme *Sanad* ou *appui* : c'est, en effet, la meilleure base de son enseignement. Les listes de ce genre ne sont guère moins longues que les chaînes des ancêtres.

En dehors de cette cause purement extérieure, l'identité de la fin recherchée par tous les ordres contribue non moins puissamment à établir entre eux une certaine concordance doctrinale. Professant le même Coran, reconnaissant pour « appuis » les mêmes docteurs, ils se proposent tous le même but final, je veux dire la sanctification panthéiste, l'absorption totale de la créature en Dieu. C'est à ce terme qu'aboutit infailliblement le soufisme oriental ; c'est dans cet abîme qu'il verse. Le néophyte y est amené graduellement, d'étape en étape, par une méthode d'entraînement moral et physique qu'on retrouve dans tous les ordres. Une distinction est pourtant nécessaire.

Les docteurs mystiques de l'Islam forment deux grandes écoles rivales, suivant le double système de purification morale qu'ils préconisent : il y a les *Batheniya* ou « Intérioristes » et les *Zaheriya* ou « Extérioristes ». Les Batheniya se divisent à leur tour en deux catégories, ainsi caractérisées par Cheikh Senoussi.

Le point de départ des premiers est « la conscience qu'a l'homme d'être constamment vu et observé par Dieu ». En conséquence, l'ascète surveille son cœur et l'empêche d'être accessible aux pensées mondaines, jusqu'à ce qu'il soit pénétré de la ferveur la plus parfaite ». Alors, la majesté et la grandeur de Dieu se montrent à lui dans tout leur éclat, et l'extase que cette vue provoque « conduit le mystique à la vue même de son cheikh ». Pour les plus avancés, Senoussi indique un chemin plus direct, une sorte de «*moyen court*», pour employer l'expression de Mme Guyon : c'est « de s'absorber avec recueillement dans tout ce qui a trait à la divinité et au nom de Dieu, sans s'attacher à remarquer si on s'exprime (lisez si on pense) en langue arabe ou étrangère ; on fait abstraction complète de son être, absolument comme si on n'existait pas : on travaille, sans en avoir conscience, à faire affluer vers le cœur vital les forces physiques et les perceptions des sons. » A défaut de ce procédé, il suffira de « s'absorber dans l'esprit de la divinité, envisagée comme un feu indivisible enveloppant toutes les créatures », et demeurer en cet état jusqu'à l'évanouissement total du monde profane.

Chez les Batheniya de la seconde catégorie, la méthode de contemplation est moins abstraite, plus physiologique. Le but à atteindre est toujours l'absorption en Dieu, par l'intermédiaire du cheikh. Pour y arriver, « il faut se graver dans l'esprit l'image du cheikh et le considérer comme son épaule droite ; ensuite, tracer de l'épaule au cœur une ligne destinée à donner passage à l'esprit du cheikh, pour qu'il vienne prendre possession de cet organe. On renouvelle cet acte jusqu'à ce que le chef religieux que l'on invoque vienne vous absorber dans la plénitude de son être». Est-il besoin d'ajouter que cette étrange phraséologie n'a d'autre but que d'ériger en système de perfection morale la plus immorale des formes de l'hystérie ? Bon nombre d'ordres indiquent le même trajet, dans le même sens ou en sens inverse. Une autre pratique conduisant au même but est la récitation mentale de la célèbre formule islamique : *La illaha ill'Allah !*

Au lieu de marcher vers l'absorption en Dieu par ce quiétisme nihiliste, les Zaheriya prétendent y atteindre par des prières vocales propres à noyer l'esprit dans l'océan de la divine essence. La plus efficace des formules est toujours : *La illaha ill'Allah !* Pour obtenir, en la récitant, le résultat désiré, on doit « fermer les yeux, serrer les lèvres, replier la langue contre le palais et placer les mains contre les cuisses ». C'est la posture ordinaire de la prière. « Alors, continue Senoussi, on retient longuement son haleine et on dit sur un ton grave : *La illaha ill'Allah !* en élevant la tête à partir du milieu du corps pour la reporter à sa position naturelle. On répète cette même invocation en replaçant la tête au même point de départ, pour la diriger, cette fois, vers l'épaule droite, puis vers l'épaule gauche, toujours avec la plus grande ferveur. On répète cet acte un nombre de fois impair. Ensuite, on oblique la tête à droite, en retenant son haleine, et on ajoute : *Mohammed rassoul Allah,* « Mohammed est l'envoyé de Dieu » puis : *O divinité, vous êtes mon but, je crois en vous et je vous implore.* » (1) Après quoi on donne libre cours à sa respiration, pour recommencer encore, et ainsi de suite, jusqu'à extinction totale de toute lucidité d'esprit, jusqu'à l'entière atrophie de la conscience.

Tous les ordres islamiques recommandent l'un ou l'autre de ces deux systèmes d'anéantissement de la personnalité propre ; tous, à des degrés divers, sont Batheniya ou Zaheriya. Quelques-uns même, comme les Nakechibendiya et les *Derkaoua* admettent simultanément les deux méthodes. Ce sont là, il est vrai, de très rares exceptions. D'ordinaire, on ne trouve pas, dans un même ordre, les deux procédés à la fois ; même chez les Derkaoua, cette coexistence n'est point doctrinale.

Malgré de légères divergences, le panthéisme mystique est le ver rongeur des systèmes musulmans comme de tous les systèmes venus de l'Orient. Fatale destinée de ce pays ! jamais il n'a su s'arrêter dans le quiétisme sur la limite de l'extravagance et de l'immoralité. « L'identification avec l'intelligence universelle par des procédés extérieurs a toujours été la chimère des sectes mys-

---

(1) Citation empruntée à RINN, p. 286, avec de légères modifications dans la traduction. Voir aussi LE CHATELIER, p. 132. Comme l'observe ce dernier, si Cheikh-Senoussi ne formule pas lui-même la distinction établie ici, entre les deux systèmes de mystique, l'exposé qu'il donne des divers moyens « d'absorption » la comporte absolument.

tiques de l'Inde et de la Perse. Sept degrés, disent les Soufis, mènent l'homme jusqu'au terme final, qui est la *disparition de la disparition*, le *nirvana* bouddhique, où l'homme arrive, par l'anéantissement de sa personnalité, à dire : « Je suis Dieu ! » La poésie elle-même est devenue l'écho de ces rêves. L'absorption en Dieu et la mort aux créatures est, sous le voile d'un bizarre allégorisme, le thème perpétuel de l'école persane et hindoustanie » (1).

L'enseignement est le moyen ordinaire de propagation employé par les fondateurs d'ordres ; pourtant il ne se suffit pas à lui-même. Non seulement il peut être froidement accueilli ou promptement oublié, mais il court le risque de se heurter contre des doctrines antérieures qui en détruisent tout l'effet. Les rites donnent une très grande énergie à son action. Je ne parle pas seulement de ceux qui enlacent comme dans un réseau toute la vie du croyant, qui le prennent à sa naissance, qui s'accomplissent sur lui à des époques marquées de son existence, qui l'accompagnent à ses derniers moments, qui le suivent même après sa mort : la circoncision, la purification, la prière, les cérémonies du mariage et des funérailles, tous ces actes sont communs, non seulement aux adeptes de n'importe quel ordre, mais à tous les musulmans indistinctement. Je veux surtout parler de ces rites qui ne s'adressent qu'aux initiés et rangent ceux-ci dans un ordre déterminé. Si la plupart, en effet, se retrouvent dans tous les ordres, les formes qu'ils ont revêtues sont propres à chacun d'eux.

C'est par l'*initiation* que les aspirants sont incorporés à un ordre religieux. Elle n'est pas accordée, au moins dans la plupart des ordres, sans une préparation plus ou moins longue, sans un stage durant lequel l'aspirant apprend ses devoirs essentiels de croyance et de conduite, en même temps qu'il s'exerce à les pratiquer. Chez les Khelouatiya, par exemple, cette période de

---

(1) RENAN, *Averroès et l'Averroïsme,* p. 145.

probation se prolonge quelquefois deux ans et même davantage. Le postulant remplit certaines fonctions domestiques vis-à-vis des initiés et de leurs chefs ; ainsi, il les débarrasse de leurs vêtements et de leurs souliers, lorsqu'ils viennent prier ou assister aux réunions. Au bout de quelque temps, il n'est plus astreint qu'à réciter vingt fois par jour la Fatha, la première sourate du Coran, jusqu'au moment où l'*Ahd,* le pacte qui le lie à la confrérie, lui est donné par son cheikh.

Cette cérémonie d'enrôlement (El-Ahd) est parfois séparée de l'initiation proprement dite (talqin), de même que, dans les ordres catholiques, la prise d'habit se distingue de la profession. Pareil dédoublement a lieu chez les Rahmaniya. Mais, le plus souvent, les deux rites s'accomplissent au cours d'une même séance : le postulant est définitivement agrégé, dès qu'il a prononcé le serment de fidélité. Je vais passer en revue quelques-uns des principaux usages.

Dans les ordres à tendances politiques, comme les Taïbiya, l'admission se fait assez simplement. L'aspirant va trouver le cheikh le plus voisin, et lui demande l'affiliation. Celui-ci cherche à l'en détourner, en lui montrant la gravité des obligations qu'il va contracter ; mais, en même temps, l'habile initiateur insiste sur la certitude qu'ont les affiliés d'entrer plus sûrement en paradis. L'aspirant persiste-t-il dans sa résolution, les adeptes se réunissent et, en leur présence, le néophyte jure de ne pas abondonner la *voie,* de ne pas voler, de ne se mêler ni aux agitateurs ni aux assassins ; il s'engage, devant Dieu, à obéir au cheikh et à s'acquitter exactement du *dikr,* sans l'omettre un seul jour. Après la lecture de la *fatha,* le nouveau profès remet au cheikh une petite pièce de monnaie, pour marquer son intention de sacrifier tous ses biens, au profit de l'ordre.

Le moment le plus solennel de l'initiation est assurément la prestation du serment (ahd). Avant d'en prononcer la formule, l'aspirant met les mains entre celles du cheikh et le regarde fixement. Dans certains ordres, au contraire, les yeux doivent être fermés et les doigts diversement enlacés. Ainsi, chez les Rahmaniya, « le cheikh place sa main droite dans la main droite du *mourid* (aspirant), tous deux s'étant préalablement purifiés. La paume de la main du cheikh est placée sur la paume de la main du mourid ; le premier tient le pouce du second : l'un et l'autre doivent avoir les yeux fermés. »

Quand il s'agit d'admettre des femmes — êtres impurs ! — le cheikh prend ses précautions pour éviter un contact qui le souillerait. Chez les Hafnaouiya, il interpose un morceau d'étoffe entre sa main et celle de la postulante. Cette mesure préventive passe pour inefficace aux yeux des Derdiriya ; ils la remplacent par une ablution simultanée : le cheikh et la postulante, pour se saisir les mains, les tiennent plongées jusqu'au poignet dans un baquet plein d'eau. En outre, le premier ne doit voir l'initiée que par réflexion de son image à la surface du liquide. Les Kerzaziya, encore plus austères, se contentent de l'immersion pure et simple sans attouchement d'aucune sorte.

Il existe, chez certains ordres, d'autres particularités intéressantes. Les Saadiya, par exemple, ne donnent pas le talqin par la poignée de main ; c'est en remettant au néophyte un fruit mouillé de sa salive, que le cheikh l'admet au nombre des mourid. Après la poignée de main donnée les doigts enlacés (Talqin-el-Mouchabaka), les Beioumiya passent un chapelet au cou du néophyte. Chez les Nakechibendiya, l'admission elle-même est soumise aux décisions du sort, par l'*Istikhara*, dont la pratique est d'ailleurs très répandue dans l'Islam. Pour faire l'Istikhara, le cheikh et l'aspirant récitent à la fois sur leur chapelet, en commençant à un grain quelconque, un verset du Coran avec une valeur tour à tour affirmative ou négative ; si le verset que chacun d'eux récite sur le dernier grain est affirmatif, le sort est favorable ; l'aspirant est admis à l'instant même. Dans le cas contraire, il est ajourné ou même définitivement exclu.

Le cérémonial en vigueur chez les Kadriya offre

beaucoup d'analogie avec le rituel de nos ordres religieux. Après une purification partielle, ou mieux, totale, l'aspirant récite sept fois la Fatha et la sourate d'El-Ikhelas. Cette récitation achevée, il va s'asseoir devant le cheikh, qui lui prend les mains et dit :

Au nom de Dieu clément et miséricordieux (1 fois). *Que Dieu pardonne* (7 fois). *Je crois en Dieu, à ses Anges, à son Livre, à son Envoyé, au jour du Jugement dernier, à ses décrets, à ses bienfaits, aux malheurs dont le Seigneur afflige, à la résurrection après la mort* (1 fois). — L'aspirant répond à cela : *Je suis musulman et je reçois la confirmation dans mon culte et dans ma foi ; je me purifie de tous mes péchés par un repentir sincère ; je répudie l'hérésie et tout ce qui peut m'y conduire,* puis il ajoute : *Il n'y a de Dieu que le Dieu unique, qui n'a point d'associé ; je déclare que Mohammed est son serviteur et son Envoyé. C'est de lui que je reçois l'admission dans l'ordre, je me pare de la coiffure qui en est le symbole, je fais le serment de fidélité entre les mains du docte N..., je m'engage à observer les lois divines et brillantes, à accomplir tous mes actes en vue de Dieu, à accepter tout ce qu'il lui plaira de m'envoyer, à le remercier des malheurs dont il m'accablera.*

Le cheikh, prenant la parole, se proclame le disciple de celui qui l'a investi et donne l'énumération totale ou partielle de ses prédécesseurs dans le gouvernement de l'ordre. Il récite ensuite ce passage du Coran : *Ceux qui te proclament,* jusqu'au verset : *grandement,* puis la Fatha. Alors, pour s'assurer que le néophyte connaît ses devoirs, il lui fait subir un long interrogatoire résumé dans un catéchisme dont M. Rinn a publié le texte (1). On y insiste naturellement sur l'observation rigoureuse des statuts de l'ordre et l'absolue obéissance au supérieur.

La catéchèse terminée, le cheikh prend des ciseaux et coupe au néophyte deux cheveux au-

---

(1) Pages 189-196.

dessus du front en disant : « *Mon Dieu, coupez ainsi ses pensées personnelles ; protégez-le contre la désobéissance, raffermissez-le dans la religion de l'Islam.* » Puis, lui plaçant sur la tête la couronne ou le turban, il ajoute : « *O mon Dieu, parez-le de la couronne de la vertu et du bonheur.* » Il le revêt du manteau, lui passe une ceinture aux reins et le lie à un des assistants (1). Lui présentant ensuite une coupe à laquelle il le fait boire, il récite ce passage du Coran : *Aujourd'hui je vous ai confirmé dans votre foi* jusqu'aux mots *votre religion*. Après une prière d'actions de grâces dans laquelle on récite deux fois la Fatha et vingt-deux fois la sourate d'El-Ikhélas, l'aspirant donne la main à son cheikh et à tous les affiliés présents. Cette cérémonie terminée, le cheikh révèle au nouveau profès le rituel secret des Kadriya (2).

C'est cette révélation du rituel ou du *dikr* qui constitue, à proprement parler, l'initiation (talqin) ; elle est soumise, comme l'engagement, à certaines formalités. Voici comment elle s'accomplit chez les Rahmaniya. Après un certain nombre de prostrations et d'oraisons, le mourid, tourné vers la Kibla, direction de La Mecque, s'accroupit sur ses talons, en face du cheikh. Celui-ci, qui observe la même attitude, donne un coup sur la tête du mourid et récite tout bas une prière, les mains posées sur les genoux, les yeux baissés. Puis, s'adressant au mourid: « *Écoute*, lui dit-il, *le dikr que je vais dire et réponds-moi trois fois : Je t'écoute.* » Le mourid obéit, les yeux fermés. Cette injonction doit être donnée trois fois de suite.

Le cheikh implore ensuite la protection des saints qui composent les anneaux de la chaîne, en disant : « *Je vous implore, ô apôtre de Dieu ! Je vous implore, ô* (docteurs ou saints) *de cette con-*

---

(1) Tout néophyte est confié à un profès chargé de l'instruire ; de même, dans les noviciats catholiques, on charge un novice déjà avancé d'initier un postulant à la vie de la maison.

(2) Rinn, p. 187-189. Le rituel primitif de l'initiation chrétienne comportait, d'une façon analogue, la triple tradition de l'Evangile, du Symbole et du Pater. Cf. L. Duchesne. *Origines du culte chrétien.* Paris, 1898, p. 290-291.

grégation! Je vous implore, ô gens de science! Je vous implore, ô pôle du moment! » L'invocation terminée, il révèle à l'adepte le dikr de l'ordre et lui ordonne à la fin de se racheter du feu. Le prix de la rançon n'est autre que la récitation, soixante-dix mille fois répétée, de la formule : *La illaha ill' Allah!*

Une fois l'initiation achevée, on fait asseoir le nouveau profès sur le tapis et on sert des friandises à l'assistance. C'est du moins ce qui a lieu chez les Kadriya. On en fait même porter aux absents pour témoigner de l'union et de l'intérêt de tous les frères entre eux. Dans la plupart des ordres, on remet à l'initié un diplôme ou brevet d'affiliation, accompagné d'une autre pièce, écrite sur grand et beau papier, et contenant la généalogie du fondateur et la liste des chefs de l'ordre (1).

Après son agrégation, le sujet porte, dans l'Afrique septentrionale, le nom de *khouan*, frère ; en Egypte et en Orient, il prend plutôt celui de *mourid*, aspirant, ou de *salemid*, assistant ; dans l'Inde, celui de *fakir*, pauvre ; et en Turquie, celui de *derviche*. En dehors des profès ou des novices en instance d'initiation, certaines congrégations comptent encore des membres, appelés *kreddam*, qui restent attachés à la société toute leur vie sans y entrer jamais. Ils ne reçoivent pas le dikr, mais prennent le chapelet de l'ordre et adoptent certaines prières. Comme les profès, ils paient leurs cotisations et possèdent certains mots de ralliement pour se reconnaître. M. Rinn (p. 79) les assimile à nos frères convers ou à nos frères coadjuteurs, mais à tort, puisque ceux-ci font profession comme les frères de chœur. On ne peut pas davantage les comparer aux *tertiaires*, dont les liens vis-à-vis de l'ordre sont beaucoup plus lâches. A mon avis, les *kreddam* ne sauraient être rapprochés que des frères *donnés*, tels qu'ils existent chez les Chartreux.

Le port du froc (kherga ou khirka) est une conséquence de l'affiliation, la marque extérieure de

---

(1) Voir des échantillons de ces pièces dans RINN, p. 196-199.

la profession religieuse. Tous les ordres ont adopté quelque vêtement distinctif. Complète chez les uns, la kherga consiste chez les autres en un turban, un bonnet ou une simple pièce d'étoffe d'une couleur déterminée. Tandis que les Chadeliya se couvrent de tissus de laine blanche — couleur aimée des Soufis — les Refaïya d'Egypte portent le turban noir avec un passe-poil rouge à l'une de ses extrémités ; les Badaouiya se coiffent, au contraire, de turbans rouges, au moins dans les circonstances solennelles. Tout le monde connaît, par la description du bon Gautier, la coiffure des Mevlévis, « ce bonnet de feutre épais d'un pouce, d'un ton roussâtre ou brun, et que je ne saurais mieux comparer, pour la forme, qu'à un pot de fleurs renversé, dans lequel on aurait entré la tête (1) ». Les Seherourdiya, enfin, s'affublent d'une foule de pièces d'étoffes différentes, « se souvenant que l'homme est constamment nu et observé par Dieu (2) ».

Cette bigarrure dans le costume se réclame de la tradition. L'ange Gabriel, au dire des musulmans, enleva le Prophète au Paradis, pendant la nuit d'El Mohradj, et le conduisit, à travers un palais étincelant de pierreries, devant un coffre rempli de vêtements aux couleurs variées. Mohammed se chargea de ces vêtements, et, revenu sur la terre, les distribua à ses familiers ; ceux-ci, à leur tour, les transmirent à leurs héritiers, et ainsi se trouva établi dans l'Islam l'usage de donner des vêtements ou des lambeaux de vêtements pour consacrer les liens qui unissent le maître à ses disciples. Des croyants fort sincères, Aïcha elle-même, émirent de bonne heure quelques doutes sur ce voyage nocturne : ils ne voulurent y voir qu'une simple vision. A leur école appartiennent les partisans de la kherga symbolique, dont la transmission est purement figurative : ainsi, la koulah ou bonnet du mevlévi figure le renoncement ; le costume multicolore

---

(1) *Constantinople*, Paris, 1891, p. 135.
(2) Senoussi dans RINN, p. 210.

des Seherourdiya représente la variété infinie des créatures mises par Dieu au service de l'homme. « Quiconque, dit Senoussi, arrive à saisir la portée de cette figure, a atteint la perfection à laquelle il doit prétendre. »

Pour d'autres croyants, le don de la kherga n'est nullement symbolique, et son port est obligatoire. A les entendre, Mohammed aurait, dans une première circonstance, distribué ses propres vêtements à ses familiers pour qu'ils s'en servissent après lui, suivant la coutume arabe ; il aurait remis, une autre fois, un caftan noir à une femme, Oumm Khaled, pour la récompenser d'un verre d'eau ; enfin, Abdul Rahman et Abou Thaleb auraient reçu de lui des turbans à titre d'encouragement, au retour d'une périlleuse mission. De là trois sortes de kherga : 1° la kherga de *ressemblance*, simple relique, mais très « précieuse, dit un musulman, parce que, de même qu'on peut prendre pour un voleur tout individu qui porte les vêtements d'un voleur, porter la kherga fait ressembler au saint de qui on l'a reçue (1)» ; 2° la kherga de *bénédiction*, qu'il suffit de sentir, continue le même auteur, pour sentir également l'odeur bienfaisante du cheikh ; 3° la kherga de *volonté*, double gage et de l'obéissance du disciple et de l'autorité du chef spirituel. La revêtir constitue dans quelques ordres, chez les Chadeliya par exemple, un des modes de l'initiation.

L'affiliation ouvre à l'aspirant les portes du sanctuaire ; le seuil franchi, de nouveaux devoirs lui incombent. Il a contracté, en présence de tous ses frères, de solennels engagements ; il a voué à ses supérieurs une obéissance passive, absolue ; il a juré de poursuivre sans défaillance l'idéal de perfection proposé à l'ambition des soufis ; de lourdes obligations pèsent désormais sur ses épaules; elles enveloppent comme d'un réseau son existence tout entière. Ces obligations varient avec les ordres comme la règle elle-même, et je n'ai point la prétention de les énumérer toutes. La

---

(1) Le Chatelier, p. 171.

plupart d'ailleurs, sont trop générales, j'allais dire trop banales, pour mériter qu'on s'y arrête. L'esprit de renoncement, le mépris de la souffrance, le dédain de la grandeur et des richesses, la charité, l'esprit d'union envers ses semblables, voilà les vertus que les cheikhs réclament de leurs adhérents (1). Ce sont assurément de fort belles vertus, surtout quand elles sont réellement pratiquées, chose, hélas! bien rare, même chez les musulmans, en dépit des affirmations contraires de superficiels voyageurs. La première vertu du profès, comme la première des conditions imposées au postulant, est l'obéissance totale. « Être entre les mains du cheikh comme le cadavre entre les mains du laveur », voilà la formule de cette soumission ; et, en effet, le cheikh fait disparaître, comme autant de souillures morales, le raisonnement, l'initiative, la pensée de l'être qui se livre à lui, être qui devient entre ses mains non pas un cadavre, mais un instrument aveugle que le fanatisme peut conduire à l'excès du bien ou du mal, et dont on doit être maître d'user et d'abuser (2) ». Sans insister davantage sur ces généralités, je passe à certaines pratiques plus caractéristiques.

La *Kheloua* ou retraite prolongée est de ce nombre. On en rencontre la plus stricte observance chez les Khelouatiya, qui lui doivent leur nom. Pour eux, en effet, elle est de rigueur, au lieu d'être réservée, comme dans les autres ordres, à un petit nombre de sujets d'élite. Leurs couvents renferment, à côté d'une mosquée et d'un mesdjed principal, un certain nombre d'étroites cellules, où les adeptes entrent en Kheloua, à dates fixes, pour quelques jours. La mosquée de Sidi-Demerdache, près du Caire, en est le type le plus remarquable.

La Kheloua, dont la forme et le but ne varient suivant les lieux que dans quelques détails, est

---

(1) Voir dans RINN, p. 170, les huit obligations imposées aux Djenidiya ; p. 233, les recommandations faites aux Derkaoua.

(2) D'ESTOURNELLES DE CONSTANT, p. 105.

destinée à la récitation de longues litanies, dans un isolement complet, et comporte, avec une abstinence rigoureuse, la privation de sommeil. Pour s'y livrer, l'initié s'enferme dans une pièce écartée de sa demeure, dans la cellule d'un couvent, ou cherche une retraite dans quelque solitude, au fond d'un désert ou d'une forêt, sous les voûtes d'une caverne, ou même, — le cas s'est vu, — au sein de la mer, dans laquelle il s'enfonce jusqu'aux épaules. Un silence absolu est imposé au retraitant : s'il a besoin de quelque chose, il le demande par signes ou par écrit. Défense rigoureuse de rien manger pendant tout le jour : la nuit venue, on peut prendre, pour se soutenir, un peu de farine délayée dans l'eau, quelques fruits secs, un morceau de pain, et, en guise de boisson, de l'eau pure ou légèrement citronnée ; on tolère le café sans sucre, pour faciliter la veille. Celle-ci n'est interrompue que par deux ou trois heures de sommeil : encore ce court repos est-il interdit, quand la kheloua ne doit durer que peu de jours. Voilà pour les conditions matérielles. Quant aux exercices de piété, ils consistent à répéter 10.000, 20.000, 30.000 fois, selon les cas, le nom de Dieu, ou de quelques-uns de ses attributs, par exemple : Houa (lui), Qaïoum (immuable), Haq (vérité). Pour éviter toute erreur de calcul, on se sert de chapelets à mille grains, ou, à leur défaut, de chapelets ordinaires. Pendant que les lèvres balbutient les noms sacrés, le buste se balance en mouvements rythmiques. « On doit, dit Cheikh-el-Derdir, fermer les yeux pour éclairer le cœur et faire remonter chaque nom du nombril au cœur » ; en d'autres termes, on baisse la tête jusqu'au nombril, pour la relever ensuite. Naturellement la vitesse de récitation est en raison inverse de ce balancement dans le plan vertical. Il est donc facile de tirer des conclusions. Ainsi, on ne mettra pas moins de cinq à six heures à réciter la prière principale, qui consiste, en Kheloua, à répéter 20.000 fois de suite le mot Qaïoum. Et si, au lieu d'un seul, le Khelouati a reçu trois noms à répéter de même façon, sa litanie lui prendra dix-huit heures par jour, car elle est d'une obligation quotidienne. Ajoutez à cela les cinq prières obligatoires pour tout musulman, d'autres oraisons spéciales, notamment un office de matines, la lecture — au moins pour les gens instruits — d'ouvrages ascétiques, et dites-moi s'il est possible de mieux remplir sa journée (1). Songez aussi que la Kheloua, dont la durée, au début, n'est que d'un seul jour, se prolonge progressivement pendant des semaines, des mois, voire des années entières, comme pour ce Mohammed-el-Turki, qui passa dans la retraite, au dire des musulmans, treize ans de suite sans dormir. Il est vrai qu'on en sort fou, ou à peu près, mais les musulmans laissent vaguer les fous et les vénèrent comme des saints : ils pensent que Dieu habite ces cervelles que la pensée a laissées vides. Ce résultat est d'ailleurs prévu et voulu par les fondateurs d'ordres : ils ont établi sur les troubles physiques provoqués par la Kheloua toute une théorie de l'extase (2).

La pratique de la Kheloua est d'autant plus fréquente qu'elle traduit pour ainsi dire en action le renoncement au monde (*azlet an en-nas*), la veille (*es-sahr*), l'abstinence (*es-siam*), si chaudement recommandés à leurs adeptes par tous les fondateurs. Il y aurait beaucoup à dire sur la manière dont les musulmans entendent l'observance de ces trois procédés d'ascétisme (3); mais le cadre étroit de ce petit livre ne comporte pas de plus amples développements. Je passe donc tout de suite à une autre obligation, d'un caractère nettement défini, je veux dire la récitation du *Dikr*.

Le Dikr ou Dekr, « énonciation répétée », cons-

---

(1) Voir dans LE CHATELIER, p. 219-220, l'initiation à la Kheloua chez les Saadiya ; la récitation d'un même mot y atteint des proportions vraiment effrayantes.

(2) RINN, p. 297-302. Cet auteur rapporte l'exposé de cette théorie burlesque par le cheikh Senoussi.

(3) Chez les Senoussiya, par exemple, on ne doit ni fumer, ni priser, ni boire de café, mais le thé est toléré : voilà pour l'abstinence. Le renoncement au monde comporte l'exclusion de tout chant, de toute danse, de tout instrument de musique, fût-ce un tambour.

titue dans tous les ordres, la partie la plus importante du rituel quotidien ; c'est lui qui forme, chez la plupart, la base de l'entraînement mystique. Comme son nom l'indique, il consiste à répéter un certain nombre de fois une ou plusieurs invocations très courtes, un verset du Coran, un fragment de verset, le nom d'un attribut de Dieu, ou simplement : Dieu. C'est cette courte prière qui distingue un ordre entre tous, qui permet aux adeptes de se reconnaître les uns les autres : c'est un signe, un mot de ralliement ; c'est, avec la chaîne, un moyen d'affirmer cette orthodoxie dont il ne faut pas s'écarter. Aussi le fondateur le rédige en même temps que la chaîne, s'il ne l'a pas reçu directement du ciel par la révélation. Les formules du Dikr, — très laconiques, — sont combinées de telle sorte que toute confusion avec d'autres pièces similaires soit impossible. Ainsi, à l'invocation : « *Il n'y a pas d'autre Dieu que Dieu* », qu'il faudra dire cent fois de suite, on ajoutera les mots : *Je demande pardon à Dieu, le souverain maître, la justice !* » puis : « *Dieu me voit* ». Quand deux adeptes étrangers l'un à l'autre viennent à se rencontrer, l'un récite à haute voix la première partie du Dikr, et l'autre répond par la seconde ; une deuxième épreuve, portant sur les versets suivants, leur révèle bien vite s'ils appartiennent tous deux au même ordre. La récitation canonique du Dikr doit s'accomplir dans des postures, avec des intonations rigoureusement déterminées, variant avec chaque ordre et souvent même avec chaque branche d'un ordre. Il y a là, pour un œil exercé, un infaillible moyen de contrôle.

Presque tous les ordres font une distinction entre le dikr quotidien ou *dikr des heures* (Dikr el-Aoukat), et le *dikr solennel* (Dikr el-Djellala), réservé aux cérémonies du culte, à celles du vendredi surtout. Le premier se récite en particulier après chacune des cinq prières obligatoires pour tout musulman. En cas d'impossibilité, il faut le réciter au moins deux fois, pendant une demi-heure, « l'heure équivalant à quinze degrés », dit un auteur chadélien. Le mieux serait de le répéter sans trêve ni repos. Mais la chose est d'autant plus difficile que les conditions de validité sont vraiment effrayantes : l'auteur que je viens de citer n'en compte pas moins de vingt, cinq antérieures, douze concomitantes et trois postérieures à la récitation elle-même (1). La composition de ce dikr n'offre aucune particularité qui lui soit propre : ce sont toujours des versets du Coran, des noms d'attributs divins qu'il faut répéter indéfiniment. Voici quelques exemples. Les Emirghaniya, suivis par d'autres ordres de l'Afrique septentrionale et du Moghreb, répètent après chaque prière : 100 fois *La Illaha Ill'Allah*, 100 fois *Allah, Allah !* 100 fois *Houa, Houa !* 100 fois *Heia Qaïoum* et 13 fois l'invocation au Prophète. Trois fois par jour, à l'aurore, à l'acer (2) et au coucher du soleil, les Tidjaniya redisent 100 fois *Dieu clément*, 100 fois *Que Dieu pardonne !* 100 fois *Il n'y a de Dieu que Dieu !* 100 fois *O Dieu ! répands tes grâces et accorde le salut à notre seigneur Mohammed qui a ouvert ce qui était fermé, qui a clos ce qui a précédé, qui fait triompher la vérité par la vérité. De même à sa famille suivant son mérite et la mesure immense qui lui est due*, 12 fois une autre formule de bénédiction, beaucoup plus longue, en faveur de l'ordre (3). Le Dikr quotidien des Zianiya passe pour avoir été donné à Ali par le Prophète, « qui le tenait de Gabriel, qui le tenait de Michael, qui le tenait d'Israphil, qui le tenait de Dieu lui-même ». Il consiste à répéter, le matin, à la prière du Fedjer : 100 fois *Demande pardon à Dieu*, 100 fois *O mon Dieu, la prière sur notre seigneur et maître Mohammed, sur ses parents, sur ses compagnons, et le salut !* 1.000 fois *Il n'y a de Dieu que Dieu !* 100 fois *Que Dieu soit loué ! Que Dieu soit glorifié !* 1.000

---

(1) Rinn, p. 250.

(2) Instant médiat entre le midi vrai et le coucher du soleil ; il tombe, suivant les saisons, entre trois et quatre heures.

(3) Voir cette formule dans Rinn, p. 442.

fois *Allah !* (1). Chez les Sellemiya, on se borne, au moins dans plusieurs branches, à répéter aussi souvent que possible le mot *Allah !* en appuyant fortement sur le lam (L) et en prolongeant le son A. Enfin, chez les Khalediya, branche turque des Nakechibendiya, on a adopté presque exclusivement le Dikr *mental* (Dikr el-Khafi) : c'est une rêverie méditative, ou, si l'on veut, une récitation inarticulée.

Le Dikr *el Djellala* (2) ne diffère du précédent que par le caractère sacré de la formule qui lui sert de base et par la solennité dont on entoure sa récitation.

Il a, en effet, pour base la grande formule de l'Islam : *La illaha ill'Allah* — « il n'y a de Dieu que Dieu » ; pour le réciter, les adeptes se réunissent dans une mosquée, dans un couvent ou dans tout autre lieu, sous la direction de leur chef immédiat. L'assistance à cette réunion est obligatoire le vendredi, hormis le cas d'empêchement majeur, et facultative le reste de la semaine. Ce que sont ces séances hebdomadaires, tout le monde le sait, pour en avoir lu, dans *Constantinople* de Théophile Gautier, la pittoresque et vivante description. J'y reviendrai d'ailleurs plus loin. Ici, je ne veux m'occuper que du Dikr en lui-même. Aussi bien, c'est sa célébration, accompagnée de balancements rythmiques et accélérés et, parfois, d'un orchestre tout oriental qui, par son action sur le système cérébro-spinal, provoque les phénomènes d'hystérie si souvent décrits par les voyageurs. On conçoit sans peine l'effet que peut produire sur le tempérament le plus robuste, avec une étourdissante musique, avec de rapides et brusques flexions de la tête, la répétition mécanique, consécutive et prolongée de ces syllabes *Hou, Ha, Hi*, auxquelles se réduit insensiblement le Dikr.

(1) Id. p. 411. Voir dans cet auteur, p. 324-326, le Dikr des Aïssaoua pour chacune des cinq prières du jour.

(2) *El Djellala*, de *Djell*, être grand, majestueux, supérieur. Le terme el Djellala s'applique spécialement à la formule « la illaha ill'Allah », dont il est la dénomination la plus usuelle, et équivaut dans ce sens, par sous-entendu, à « proclamation de la grandeur de Dieu ».

C'était une loi, chez les premiers Kadriya, de ne dire que *ha* en tournant la tête à droite, *hou* en la tournant à gauche, *hi* en la baissant ; chaque son devait être prolongé aussi longtemps que l'haleine le permettait. Dans un autre ordre, celui des Halladjiya, une crase moins complète a amené le Dikr : *La Hou, La Ha, La Hi.*

Le rituel de chaque ordre règle minutieusement les mouvements, les attitudes, le ton de voix qui doivent accompagner l'émission des augustes paroles. J'ai exposé plus haut, d'après un traité de cheikh Senoussi, le procédé général des Zaheriya. Les Nakechibendiya, qui appartiennent pour la plupart à cette école de mystiques, ont une affection spéciale pour le ton de basse. « Leur prière, dit Chah Ouali Allah, sort du fond des entrailles par une aspiration prolongée ». « Il faut, dit ailleurs le même auteur, retenir son souffle dans le ventre et dire *La* dans le cœur, en le faisant sortir du nombril vers le côté droit, puis l'allonger jusqu'à ce qu'il arrive à l'épaule droite ; on prononce alors *Illaha* de ce côté et *Ill'Allah* vers l'épaule gauche, avec énergie, la tête suivant ce mouvement » (1). Ajoutons que chez ces mystiques, chaque invocation doit être faite, quoique très lentement, d'un seul souffle ; à en croire les docteurs de l'ordre, certains adeptes arrivent graduellement à répéter la formule, sans respirer, jusqu'à vingt et une fois de suite.

Chez les Rahmaniya, on redit le Dikr trois mille fois en vingt-quatre heures. Dans presque toutes leurs zaouiya, on reste en prières continues et à haute voix, de l'acer du jeudi à l'acer du vendredi ; les frères entrent et sortent, mais jamais la prière n'est interrompue. Il existe même, dans quelques-unes de leurs maisons, une sorte de *laus perennis* : jour et nuit, les adeptes se relayent d'heure en heure, par petits groupes, afin que le mesdjed retentisse sans cesse du nom de Dieu.

A redire ainsi 100, 500, 1.000 fois la même invocation, la plus tenace mémoire risquerait de se

---

(1) Le Chatelier, p. 133.

perdre et de tomber dans des erreurs qui compromettraient le succès final, attaché précisément à un nombre déterminé. Pour se préserver d'un pareil malheur, les adeptes se servent généralement de chapelets aux combinaisons multiples. Celui des Tidjaniya, par exemple, est en bois de santal ; les grains sont partagés en six groupes, par cinq flocons de soie rouge très apparents. Un sixième flocon de même couleur termine le chapelet à sa base : il est surmonté de dix rondelles plates, du même diamètre que les grains du chapelet, mais glissant moins facilement sur le cordon de soie rouge qui leur sert de monture ; ces rondelles marquent les centaines dans la récitation du dikr. Ceux qui ont assisté, à Koniah, à la séance des Mevlévis, ont tous pu admirer l'énorme chapelet aux mille grains, gros comme une noix, que les derviches réunis en cercle soutiennent ensemble et font tourner, en poussant un grain à chaque invocation, jusqu'à concurrence de neuf cent quatre-vingt-dix-neuf fois. Les Nakechibendiya ont recours à un autre expédient, pour la sourate El Ikhelas, qu'ils doivent redire 1.001 fois de suite. Un tas de cailloux, soigneusement comptés à ce chiffre, est partagé entre les assistants ; à mesure que chacun de ceux-ci termine une sourate pour son propre compte, il jette un caillou devant lui. Quand les 1.001 cailloux ont été jetés, la prière est terminée et on lève la séance. Le même procédé de suppléance existe aux Indes, mais plus complexe. Les pierres préalablement disposées sur le sol, à une certaine distance les unes des autres, doivent être enlevées successivement et reportées en arrière, à chaque sourate ; c'est un peu comme à la course des œufs, dans les pays Basques (1).

On est en droit de se demander si un principe quelconque préside à la fixation du chiffre pour la récitation du Dikr laissé par un fondateur à ses disciples. Il règne à ce sujet, entre les ordres musulmans, le plus profond désaccord. Pour les uns,

---

(1) LE CHATELIER, p. 141.

cette détermination est arbitraire; d'autres, au contraire, prétendent qu'on doit prendre pour base la valeur numérique des lettres de chaque nom sacré. Mais de nouvelles divergences éclatent sur la manière d'en faire la supputation : l'un additionne, l'autre multiplie ; celui-ci observe dans son calcul l'ordre naturel des lettres; celui-là compte ces lettres à rebours (1). Comme, d'autre part, le choix des noms eux-mêmes est laissé à l'arbitraire, non moins que leur combinaison, l'entente est impossible. Inutile d'ajouter que chaque ordre estime inefficace et mauvaise toute méthode qui s'écarte de la sienne.

Les avis sont tout aussi partagés sur le degré de publicité qu'il convient de donner à la cérémonie même du Dikr. Chacun, bien entendu, se réclame de l'exemple de Mohammed. Voici comment. D'après la tradition, le Prophète aurait, un jour, réuni ses disciples préférés dans une pièce de sa demeure, pour leur enseigner une nouvelle prière, le Dikr, dont la vertu purifiante était, disait-il, incomparable. Née d'un verset du Coran (2), cette légende est admise par tous. La discussion porte sur les détails de la scène. Suivant les uns, le Prophète aurait laissé ouverte la porte de la pièce en question; suivant d'autres, il l'aurait fermée, mais en gardant une lumière; quelques-uns enfin jurent que l'obscurité était complète. De là, parmi les ordres, trois écoles rivales. Tandis que les Mevlévis, les Refaïya et une foule d'autres célèbrent en public leurs fonctions sacrées, les Khelouatiya et les Saadiya les entourent en général d'un profond mystère; leurs réunions ont lieu la nuit, dans les ténèbres, loin des habitations profanes. Entre ces deux partis extrêmes, comme entre deux rives opposées, se presse le flot des opportunistes : ce sont, comme partout, les plus nombreux.

En dehors du Dikr, toujours obligatoire, le rituel des ordres musulmans comporte d'autres

(1) Voir, par exemple, le Dikr des Saadiya dans LE CHATELIER, p. 220.
(2) xxxiii, 41.

oraisons qui, sans être imposées, sont vivement recommandées par les chefs. Elles se rencontrent sous deux formes principales, l'*Ouerd* et l'*Hezb*. L'Ouerd n'est autre chose qu'une courte invocation, formulée par le fondateur ou par ses successeurs dans la direction de l'ordre. Très nombreuses dans chaque association, ces invocations sont regardées comme particulièrement propres à faire avancer l'adepte dans la voie (Triqâ) qui lui est tracée (1). Je ne saurais mieux les comparer qu'à nos oraisons jaculatoires. Il existe, par exemple, chez les Badaouiya Chennaouiya une prière spéciale, dite « Ouerd des sept jours », qui consiste à répéter tous les soirs 1.360 fois un court verset du Coran. Les Saadiya possèdent un ouerd du même genre. Le voici à titre d'échantillon. Samedi : verset de l'*Estarfer* ; dimanche : première moitié de l'invocation au Prophète (*Salat en Nebi*); lundi : *El Djellala* ; mardi : verset de l'invocation au Prophète en entier ; mercredi : *Salat al Maazzama* ; jeudi : sourate *Yacin*, et verset *Aït el Koursi*, de la sourate de la Vache ; vendredi : sourate *el Ouakea*, suivie des 99 noms de Dieu. Les cinq premières invocations doivent se répéter 70.000 fois chacune ; les deux dernières, autant de fois que possible (2).

A la différence de l'Ouerd, l'Hezb est un véritable office, souvent d'une extrême longueur. Comme son nom l'indique, — Hezb signifie chapitre du Coran, — il est surtout composé de versets ou de chapitres du Coran. Son usage, bien que facultatif, est très répandu. Est-il bien rare, même dans les pays catholiques, de voir dévots et dévotes préférer aux exercices obligatoires les prières de surérogation ? C'est généralement par la récitation de l'Hezb que s'ouvre, dans les couvents de l'Islam, la cérémonie solennelle du Dikr ;

---

(1) De là leur nom. Ouerd signifie *accès, arrivée*. Souvent même, surtout en Algérie et au Maroc, on emploie ce mot comme synonyme de Triqâ. En Orient, il a gardé son sens propre d'invocation instituée par un fondateur.

(2) Voir diverses pièces de ce genre dans LE CHATELIER, p. 221 et 222 et dans RINN, p. 253, 321-326, 391, etc.

l'un sert comme de préparation à l'autre. Tel est du moins l'usage des Kadriya et des Saadiya. Chez ces derniers, l'Hezb se compose simplement des 99 noms de Dieu. La longueur démesurée de ces sortes d'oraisons ne permet pas d'en donner ici des exemples. Certains auteurs les confondent à tort avec l'ouerd, dont j'ai indiqué plus haut la nature.

Facultatives ou obligatoires, les prières que je viens de passer en revue suffisent amplement à nourrir la dévotion des plus fervents ascètes : scrupuleusement récitées, elles conduisent fatalement le sujet — je l'ai dit déjà — à l'abrutissement, à la monomanie ou à l'exaltation cérébrale. « Peu à peu la faculté de vouloir et de réfléchir s'éteint, l'intelligence s'atrophie et l'adepte devient, réellement, l'instrument docile et aveugle des maîtres qui se sont réservé le droit de penser pour lui (1). » Ces derniers n'ont pas de plus constante préoccupation que d'obtenir de leurs adeptes l'observance rigoureuse du Dikr : elle maintient, par sa nature même, l'habitude de la discipline et de la soumission. On peut, avec des gens assouplis de la sorte, accomplir de grandes choses, surtout si on a soin d'amener dans la caisse de l'ordre, par un drainage intelligent, d'abondantes recettes. Or, les fondateurs ou chefs d'ordres n'ont garde de faillir à ce devoir. Il est peu de sociétés où les opérations financières soient plus habilement conduites, les versements plus spontanés, le « nerf de la guerre » plus vigoureux. Qu'on en juge. L'aumône ou offrande religieuse est prescrite dans tous les ordres ; elle revêt diverses formes et porte, suivant les cas, les noms de *Seddaka*, de *Ziara*, de *Hadia*, de *Gheffar* ou de *Neder*.

La *Seddaka* est l'aumône proprement dite, un secours donné aux pauvres par charité. Naturellement son importance varie avec les ressources ou la générosité de chacun. Vivement recom-

---

(1) HANOTEAU ET LETOURNEUX, *La Kabylie et les coutumes kabyles*, Paris, 1873, t. II, p. 52.

mandée par tous les cheikhs, la pratique n'en est point pour cela propre aux ordres religieux ; elle constitue une des formes de l'hospitalité, dont l'exercice est pour tout musulman le plus sacré des devoirs. Il n'y a donc pas lieu d'insister.

Tout autre est le caractère de la *Ziara*. Visite pieuse d'un disciple à son maître spirituel, d'un fidèle au tombeau d'un saint, la ziara est devenue, dans l'usage, synonyme d'offrande, principal but de la visite. Jamais, en effet, on ne rend de visites de ce genre sans les faire suivre d'une offrande proportionnée à sa fortune. Facultatif pour les simples fidèles, au moins en théorie, le paiement de cette somme est obligatoire pour tous les adeptes d'un ordre ; c'est une cotisation, ou mieux, une imposition égale pour tous, mais que chacun est tenu de verser entre les mains des chefs.

En principe, elle doit être levée avec discrétion; en fait, si l'argent tarde trop à venir, les chaouch du maître ne manquent pas de se présenter au domicile du retardataire. Il en est d'ailleurs de ces recettes comme de l'impôt en Orient, elles sont trop souvent perçues par bien des mains. Il arrive que plusieurs chefs, parmi lesquels il faut renoncer à savoir quels sont les imposteurs, se présentent pour réclamer les cotisations. Cette exploitation du pauvre mourid par la cupidité du maître est parfois révoltante, surtout au Maroc. En Algérie même, elle était poussée à de tels excès que le gouvernement crut devoir, mais en vain, les interdire en les assimilant à des actes de mendicité.

En principe encore, ces quêtes doivent être envoyées scrupuleusement à la maison-mère, à Bagdad, par exemple, s'il s'agit des Kadriya. On comprend que, dans un si long trajet, il reste de l'argent en route, s'il est vrai surtout, comme disaient avec philosophie les Tunisiens, que les percepteurs de deniers publics aient tous un trou dans la main. La remise de ces ziara est souvent accompagnée d'une petite cérémonie. D'ordinaire, on défile, l'un après l'autre, devant le chef gravement assis sur son tapis ; on l'embrasse sur la tête et on dépose l'offrande sur le plateau placé tout à côté de lui. Chez les Ouled-Sidi-Cheikh, branche chadélienne du Tell, le fidèle, après avoir déposé son offrande, récite avec le maître le Dikr chadélien. Cette oraison achevée, il met les mains entre celles du cheikh et formule ses vœux, que celui-ci répète aussitôt avec onction. L'égoïsme le plus grossier trouve sa place, dans ces prières, à côté de la requête franchement naïve ; je n'en veux pour preuve que cette invocation : « Mon Dieu, ne me donnez que des enfants mâles et faites que mes bestiaux ne produisent que des femelles ! »

Les impôts ordinaires, représentés par la ziara, ne sont pas les seuls que réclament les ordres musulmans ; ils pratiquent encore à merveille le système des taxes exceptionnelles. Parmi celles-ci, la plus importante est la *Hadia*. Ce mot signifie littéralement don, cadeau ; dans le langage canonique, il désigne, à proprement parler, une offrande *expiatoire*, une amende en nature ou en argent versée par le mourid, au profit de la caisse générale, lors de son initiation, ou quand il a commis une infraction à la règle, un manquement à ses devoirs ; elle est toujours exigée du sujet qui demande à rentrer dans sa communauté après l'avoir quittée. La Hadia revêt parfois un autre caractère, celui d'une offrande *propitiatoire*. Voici comment. Lorsque des troubles graves, une insurrection par exemple, viennent à éclater, et que certains agents politiques, certains chefs indigènes refusent de faire cause commune avec les adeptes d'un ordre, ces agents et ces chefs ont coutume de compenser leur abstention par quelques cadeaux en nature ou en argent déposés entre les mains des supérieurs de l'ordre en question. S'ils refusaient cette contribution, ils courraient risque de voir, dès le début du mouvement, leur maison incendiée ou leurs récoltes détruites; à défaut de ces représailles matérielles, le poison ou le poignard d'un assassin ne manquerait pas de punir leur sacrilège indifférence.

Sous cette seconde forme, la Hadia se confond,

dans quelques contrées du moins, avec le *Gheffar*. Ainsi, le Gheffar du Moghreb peut être entièrement assimilé à la Hadia des congrégations chérifiennes d'Egypte et de Syrie. Mais dans d'autres ordres, notamment chez les Khelouatiya, le Gheffar a gardé son caractère propre. En vertu d'une tradition assez répandue, tout pécheur qui se repent d'une faute, tout malfaiteur qui déplore son crime, et en demande le « *pardon* », *gheffar*, se trouve sinon absous, du moins déchargé de la responsabilité qui pesait sur lui. L'aveu explicite du délit n'est même pas nécessaire. Il suffit d'indiquer au cheikh les motifs généraux du repentir et, — cela va de soi, — de verser entre ses mains une généreuse offrande. Le cheikh, à mots couverts, fait connaître à son entourage l'objet d'un pardon qu'on ne saurait refuser, et, le pardon octroyé, on garde sur le délit le plus inviolable secret. Combien sont funestes pour un pays les conséquences d'un pareil système, je n'ai pas besoin de le dire : c'est l'impunité assurée aux plus vils malfaiteurs. Voilà sans doute la principale, et peut-être l'unique raison du silence que gardent sur cet usage les traités officiels de doctrine ; on ne livre pas au grand jour de si étranges moyens de rédemption.

Beaucoup plus inoffensif, le *Neder* ou *Ouadâ*, selon les dialectes, n'est pas moins fructueux comme opération. Quelle que soit la forme qu'il affecte, il a pour cause originelle le vœu. Un père de famille, par exemple, voulant attirer sur ses enfants la bénédiction d'un saint, fait vœu « *Neder* » de porter sur le tombeau ou dans l'oratoire de ce saint un ex-voto, une offrande pure et simple ; plus souvent encore, il promet d'abattre tous les ans, en l'honneur du patron invoqué, un chameau, un bœuf, un mouton destiné à un repas, *zerda*, auquel sont invités tous les membres de l'ordre dont l'auteur du vœu fait partie (1). Comme on le voit, le Neder ne diffère de la Hadia que

---

(1) Les *ouada* comme les *zerda* sont d'ailleurs communes à tous les musulmans. Voir RINN, p. 16 et 85.

par le motif qui l'a inspiré dans le principe ; il a sans doute, pour conclusion ordinaire, un repas de corps, mais la Hadia revêt souvent cette forme. Non moins que dans le grand monde européen, ce qu'on appelle les « banquets de société » sévissent dans les ordres musulmans avec une intensité rare ; seulement, ici, l'invitation est gratuite. A cela près, les dîners sont, ici et là, les antichambres de toutes les carrières. Ils débordent chez les Badaouiya, comme les statistiques officielles en font foi. Oyez plutôt. En 1886, à l'occasion d'une fête de Sid el Badaoui, il a été abattu, dans la petite ville de Tantah, du 8 au 16 avril, 696 moutons, 57 buffles, 11 bœufs et 3 chameaux, destinés presque tous à des agapes fraternelles (1).

Versement régulier des cotisations et, sous des noms divers, dons, offrandes sans fin, voilà, en fait, ce qui constitue, avec la récitation du dikr, les seules obligations des adeptes ; ceux-ci, pour la plupart, n'en connaissent point d'autres. Les chefs, du reste, n'en réclament pas davantage. Ce qu'ils veulent par-dessus tout, c'est une caisse bien garnie et des adhérents aussi souples que nombreux. Or, le dikr et la ziara leur procurent l'un et l'autre. Admirables, mais inutiles ressources, si une administration puissante et centralisatrice ne vient en assurer le perpétuel accroissement, contrôler la gestion, diriger la mise en œuvre.

(1) Le Chatelier, p. 174.

CHAPITRE III

Organisation administrative.

La hiérarchie. — Le Cheikh : son attribut de la Baraka. — Les Naïb ou Khalifa. — Les Moqaddem. — Charges inférieures. — Assemblées générales et provinciales. — Organisation particulière des ordres en Égypte et au Hedjaz. — Déplacement d'autorité : l'Oukil. — Attitude du clergé officiel et du gouvernement vis-à-vis des ordres religieux.

Rien n'est simple, rien non plus n'a de vigueur comme l'administration des ordres musulmans : on ne saurait mieux la comparer qu'à celle de nos grands ordres catholiques. Au sommet de la hiérarchie on rencontre l'héritier spirituel du fondateur, le *Cheikh-Triqa* ou simplement « le Cheikh » : c'est notre *supérieur général*. Pour le représenter à l'étranger et étendre la propagande sans amoindrir l'influence de l'autorité centrale, le Cheikh possède, en nombre variable, des *Khalifa* ou *Naïb* : ce sont à la fois nos *Frères visiteurs* et nos *Provinciaux*. Au-dessous d'eux se trouvent, à la tête de chaque maison, des agents inférieurs analogues à nos *supérieurs locaux* : ce sont les *Moqaddem*. Ces derniers, enfin, ont sous leur dépendance les simples *frères*, khouan, derviches ou fakirs. Des assemblées générales ou des conseils locaux, semblables à nos *Chapitres*, complètent cette organisation.

Toute l'autorité d'un ordre réside, en principe du moins, dans le *Cheikh* ou supérieur général. C'est lui qui nomme les Naïb, lui qui sanctionne l'élection des Moqaddem, lui qui peut à son gré relever de leurs fonctions les uns et les autres. Il pourvoit à tous les développements de l'ordre et dirige l'action commune par des circulaires, que ses délégués vont porter jusqu'à la plus lointaine Zaouïya. S'il tombe malade, si l'âge ou les infirmités l'avertissent d'une mort prochaine, c'est lui encore qui désigne son successeur. Fixé, le plus souvent, près du tombeau vénéré du fondateur de l'ordre, il doit à cet auguste voisinage d'être regardé comme l'héritier plus direct des vertus de ce même fondateur, le dépositaire de ces attributs surnaturels de *Baraka* et de *Tessarouf* dont l'investiture est la meilleure consécration du commandement suprême.

C'est, en effet, la transmission de la Baraka qui donne aux ordres musulmans le plus de cohésion et assure à l'autorité de leurs chefs le plus de respect. Pour les catholiques, la puissance médiatrice exercée, de son vivant, par un saint, ne passe pas à la postérité de ce dernier. Tout autre est le sentiment des musulmans. A leurs yeux, les descendants d'un saint héritent de son pouvoir surnaturel, quelle que soit d'ailleurs leur conduite privée. Pour être, par exemple, le plus intrépide buveur de l'empire ottoman, le grand Tchélébi actuel de Koniah n'en est pas moins regardé comme investi des attributs surnaturels de Djelal-ed-Din-Maoulana, dont il continue la lignée. Si les chefs des Emirghaniya inspirent encore à leurs adhérents, malgré les scandales de leur vie, un religieux respect, c'est à leur seule Baraka qu'ils le doivent. Elle revêt chez eux une forme toute spéciale, caractérisée par le nom de « *Serr el Khâtem* » donné aux descendants directs de Mohammed Othman, le fondateur de l'ordre. Serr el Khâtem, « le secret de l'anneau », n'est qu'un simple jeu de mots sur la forme du mim, consonne initiale d'Emirghaniya. La puissance mystérieuse qu'il symbolise est identique à la Baraka ; ses manifestations, on le conçoit, ne tombent pas nécessairement sous les sens.

Le premier dépositaire de la Baraka garde toujours sa place dans le culte des fidèles, mais ceux-ci ont plus de chance d'être exaucés en s'adressant directement à ses successeurs. A défaut de descendance familiale, on se contente de l'hérédité spirituelle. Ainsi, les successeurs de Sid el Badaoui, mort sans enfants, passent pour être en possession de sa Baraka. Pour grouper sous son autorité tous les chadéliens dispersés, Mohammed Ouafa n'eut qu'à se déclarer investi de la puissance miraculeuse dévolue autrefois à Sid Chadeli, leur maître commun. Tel est le prestige de la

Baraka que la noblesse religieuse qu'elle confère surpasse, aux yeux des musulmans, la noblesse du sang; si les descendants directs du fondateur la laissent choir de leurs mains, cette perte entraîne infailliblement et à brève échéance un déplacement d'autorité. On devine aisément le vice essentiel du système : principe de force, la Baraka est aussi une cause de ruine; l'émiettement progressif des différents ordres n'a souvent pas d'autre origine.

Afin d'écarter ces conséquences funestes non moins que pour maintenir dans leur propre famille la direction de l'ordre, la plupart des Cheikh nomment eux-mêmes, avant de mourir, leur successeur. C'est ainsi qu'au premier siècle de l'hégire Abou-Beker avait transmis à Omar le droit de commander aux croyants. S'agit-il d'un ordre chérifien, d'un ordre fondé par un descendant du Prophète, le choix du cheikh porte ordinairement sur un membre de sa famille. Ainsi en est-il chez les Kadriya, les Taïbiya et une foule d'autres. Il n'est pas rare néanmoins de voir des chefs mettre les intérêts généraux de l'ordre au-dessus d'un étroit égoïsme en confiant à des disciples d'élite, mais étrangers à leur race, la direction souveraine. La veille de sa mort, Ben-Abd-er-Rahman, ayant réuni ses partisans autour de lui, leur tint ce langage : « Mes enfants, je sens que ma vie est près de s'éteindre; celui qui m'a créé me rappelle à lui; demain j'aurai cessé de vivre, et je vous ai mandés pour vous dire ce que j'attends de vous. J'institue pour mon successeur l'homme qui m'a témoigné toute ma vie un dévouement sans bornes; il sera votre chef après moi, écoutez ses avis, c'est un homme de bien. Je vous prends tous à témoin que je mets à ma place et que je donne tout mon pouvoir à Sid Ali-Ben-Aïssa el Megherbi; il sera mon Khalifa. J'ai déposé dans son sein tous les secrets et je lui ai confié toutes les bénédictions. Ne lui désobéissez en rien, car il est mon *visage* et ma *langue* (1). » Le fondateur des Rahma-

(1) RINN, p. 455.

niya n'avait rencontré parmi ses proches aucun homme capable de poursuivre son œuvre.

C'est par la retraite, le jeûne et la prière qu'un supérieur en fonctions se prépare à la nomination de son successeur. Au jour fixé pour cette cérémonie, moqaddem et khouan accourent auprès de leur chef. Celui-ci leur déclare qu'après avoir longuement consulté le Prophète, il juge un tel capable de prendre, après sa mort, le gouvernement de la société. Le choix du Cheikh est ratifié, séance tenante, par l'assemblée, et un acte de nomination rédigé sur-le-champ. Ce mode d'élection s'appelle *Idjaza*. A Constantinople et dans les provinces directement administrées par la Porte, on demande au Sultan, ou mieux, au Cheikh-ul-Islam, de confirmer le nouvel élu. Il ne faut voir, d'ailleurs, dans cette démarche, qu'une simple formalité, qu'un acte de pure déférence vis-à-vis du souverain; ni celui-ci, ni son délégué ne peuvent refuser leur adhésion.

Sans quitter sa résidence métropolitaine, le cheikh administre les provinces éloignées de l'ordre par l'intermédiaire des Naïb ou Khalifa, à qui il transmet de son autorité ce qu'il juge à propos. Chargés d'une mission temporaire ou permanente, les Naïb sont les *Provinciaux* et les *Visiteurs* des ordres musulmans. Ils ont, chacun dans une région déterminée, un rôle d'inspection sur les moqaddem; dans de fréquentes tournées, ils contrôlent les méthodes d'enseignement, entendent les plaintes des frères contre les supérieurs et encaissent les ziara destinées à la maison-mère. Ils peuvent même, en cas d'urgence, nommer ou révoquer les moqaddem, sauf à obtenir ensuite la sanction du cheikh.

Le zèle de ces inspecteurs serait impuissant à maintenir sous la dépendance du grand maître la masse des simples khouan sans l'industrieuse activité des *moqaddem*. Ces derniers sont les véritables propagateurs de la « voie » nouvelle, ses plus fermes appuis. « C'est avec eux surtout que sont en rapport les khouan, à eux qu'ils paient leurs cotisations, apportent leurs offrandes, demandent la *baraka,* l'absolution et la bénédiction du cheikh. Le moqaddem enseigne la doctrine de l'ordre, reçoit le serment de discrétion et d'obéissance des membres postulants; il leur révèle le dikr, les initie. Comme le cheikh, il se fixe, s'il n'est pas moqaddem missionnaire, dans une zaouiya ; les services qu'il peut rendre sont en proportion de son influence ; éloquent et savant, il n'est pas rare de lui voir acquérir une popularité qui fait de lui un véritable chef (1). » Rien n'est fréquent comme de voir des moqaddem profiter de leur influence pour se déclarer indépendants et fonder un ordre nouveau. Aussi leur choix est-il entouré, dans certains ordres, de précautions infinies.

Ce sont ordinairement les khouan intéressés qui choisissent le moqaddem ; le candidat est présenté au Khalifa en tournée, et nommé définitivement par diplôme du grand maître de l'ordre. Calligraphiés parfois avec un art véritable, les diplômes forment de longs rouleaux de papier, de parchemin ou de soie. La plupart contiennent la généalogie du fondateur ou sa chaîne mystique, quelques préceptes de morale, l'indication du dikr et des autres prières spécialement recommandées, et enfin le nom du titulaire. Ils portent en tête le cachet du grand maître ou de son Khalifa (2). Quelques-uns même renferment, sous forme d'instruction ou de mandement *(ouassia),* un résumé de la règle, au triple point de vue doctrinal, moral et liturgique.

En droit, tous les moqaddem sont égaux ; tous ont les mêmes attributions ; chacun d'eux est le maître - éducateur : *Cheikh - et - Terbia,* de ses khouan. Toutefois, la direction d'une zaouiya donne toujours à son titulaire une autorité morale que n'ont point les simples moqaddem missionnaires.

La personnalité du supérieur de zaouiya est encore mise en relief par un certain nombre d'em-

(1) D'Estournelles de Constant, p. 105. — Cf. Rinn, p. 493.
(2) Voir des échantillons dans Rinn, p. 198 et 472.

ployés subalternes qui le secondent dans sa mission, et qui portent, selon les ordres, les noms de *chaouch*, *reqqab* ou *naqib*. Le *naqib* ou *neqib* est le suppléant, ou, pour employer les termes consacrés, le *vicaire* du moqaddem, son *sous-prieur*, le *sous-directeur* de la zaouiya. Le *reqqab* est le courrier diplomatique, l'intermédiaire du moqaddem avec le khouan et le chef de l'ordre. Les lettres qu'il porte sont généralement banales, mais le cachet dont elles sont munies et certaines phrases conventionnelles servent à accréditer le reqqab, comme homme de confiance et fondé de pouvoirs du moqaddem; c'est verbalement qu'il doit remplir sa mission. A côté de ces agents directs du moqaddem, chaque zaouiya possède un *oukil* ou économe, chargé d'en gérer les biens, en deniers, matériel ou cheptel. Comme il a de gros intérêts en mains, c'est toujours un personnage important, dont l'autorité contrebalance souvent celle du moqaddem. On verra plus loin que l'oukil de la maison-mère ou économe général joue parfois le rôle prépondérant, au détriment de l'autorité personnelle du grand-maître.

On compte encore, dans chaque zaouiya, de plus humbles fonctions, dont la nature éveillera sans doute quelque sourire. Il y a, par exemple, le *Naqib el Sedjada*, chargé de porter le tapis sur lequel se prosterne le supérieur pour la prière officielle; le *Naqib el Kaoua*, qui prépare le café pour les réunions des frères; le *Naqib el Mâ*, qui porte l'eau; le *Naqib el Zei*, ou préposé aux torches dans les fêtes de nuit; le *Naqib el Chemâa*, ou préposé à la bougie pour ces mêmes fêtes. Les emplois de *chantre* ou improvisateur (meddah), de *lecteur* (kessad), de *porte-étendards* (allam) ne sont pas moins recherchés. Ils sont remplis par leurs titulaires avec un sérieux imperturbable, avec un sentiment très vif de la grandeur de leur rôle. C'est bien en raccourci le spectacle que présente partout cet Orient où une armée de serviteurs assiège le maître, l'un ôtant son manteau, l'autre ayant soin de ses bottes, un troisième allumant sa pipe, et où celui qui présente la pipe ne cirerait pas les bottes pour tous les trésors du monde.

Une ou plusieurs fois chaque année, dans certaines villes une fois par semaine, le Cheikh réunit les moqaddem dans des assemblées où il examine leur administration, leurs comptes, accepte ou refuse un sujet, approuve ou blâme. Ces assemblées se nomment *hadra*; elles sont le pendant de notre chapitre général. Avant d'en renvoyer les membres, le cheikh leur confie des lettres pastorales, des mandements, où il stimule le zèle des frères, soutient leur courage et prodigue à tous sa bénédiction (baraka). Souvent aussi, il y joint une provision de chapelets bénits qui passent pour avoir touché le tombeau du Prophète ou du fondateur de l'ordre, et des amulettes dont la possession écartera les malheurs.

L'assemblée dissoute, les moqaddem retournent à leurs postes respectifs; ils y convoquent les khouan en une assemblée provinciale, dite *Djélala* ou *Zerda*. Après un banquet commun, le moqaddem expose le résultat de la *hadra*, donne lecture des lettres du cheikh et agit sur ses subordonnés dans le sens et dans la mesure qui lui sont prescrits. La cérémonie se termine par le versement des cotisations. Les amulettes et les chapelets rapportés de la maison-mère sont distribués, ou, mieux, vendus sans scrupule aux enchères, au profit de la caisse générale. Il n'est pas rare de voir, dans ces circonstances, un chapelet ou une simple grenade s'élever à des prix fantastiques. C'est encore dans ces assemblées locales que s'accomplissent les cérémonies d'admission de nouveaux adeptes.

L'organisation hiérarchique qui vient d'être décrite se retrouve, à peu près, dans tous les pays musulmans. Toutefois, en Arabie et en Égypte, elle a subi, au début de ce siècle, de profondes atteintes. Reconnaissant aux associations religieuses l'existence légale, Méhémet-Ali les plaça, au point de vue administratif, sous la dépendance d'un chef commun, le *Cheikh el Troûq* ou « supérieur des voies ». Les ordres du pays, dont les uns relevaient du cheikh ul Islam de Constantinople et les autres de leurs supérieurs respectifs, se trouvèrent ainsi réunis sous la direction d'un titulaire unique, livré lui-même aux mains du vice-roi (1).

Etabli d'abord et maintenu en Egypte par l'énergique volonté de Méhémet-Ali, ce système centraliseur fut introduit en Arabie, au moment de la conquête égyptienne. Mais, tandis qu'en Egypte le même cheikh el Troûq étend son autorité sur tous les ordres de la contrée indistinctement, il en existe, au Hedjaz, un pour chaque ville. Cet agent joue, auprès des autorités locales, le rôle d'un chargé d'affaires pour tous les ordres de sa circonscription; c'est entre ses mains que sont placés leurs intérêts temporels, participation aux cérémonies publiques, pratique de leur rituel dans les mosquées, administration de leurs biens de mainmorte, reconnaissance de leurs dignitaires. Habitués à s'adresser à lui pour les affaires de ce genre, les moqaddem des divers ordres n'ont pas tardé à le reconnaître pour maître spirituel. Le cheikh el Troûq, non content de sanctionner leur nomination, les désigne lui-même; bref, il s'est insensiblement transformé en supérieur hiérarchique. Son *takrir*, licence administrative, est devenu l'équivalent d'une *idjaza*, licence canonique.

Cette première transformation en a amené une seconde : le groupement par ville des représentants de chaque ordre, sous la direction de l'un d'eux. Celui-ci n'était, à l'origine, que l'agent personnel du cheikh el Troûq ; mais, peu à peu, il s'est imposé à son tour comme détenteur d'un pouvoir religieux, et a remplacé, sous le nom de *Cheikh el Sedjada*, le Naïb provincial (2).

Dans certains ordres, il se produit souvent un autre déplacement d'autorité et d'influence; l'*Ou-*

---

(1) LE CHATELIER, p. 4 et 186-188.

(2) LE CHATELIER, p. 5. *Sedjada* désigne le *tapis de prière*. S'en servir dans une cérémonie publique est un signe de supériorité sur les assistants qui n'en ont pas. La Sedjada du Cheikh est l'insigne de son rang.

kil général devient insensiblement le rival du grand maître. Chargé de percevoir les offrandes des fidèles, de gérer les biens de mainmorte, les *Ouakf* ou *Vakouf,* de la zaouiya métropolitaine, il ne tarde pas à acquérir une situation de fortune considérable et son autorité croît en proportion. Elle arrive à contrebalancer, à supplanter même celle du chef de l'ordre dont les ressources matérielles diminuent d'autant, et dont la clientèle s'amoindrit par les scissions que le temps amène entre les groupes autrefois réunis sous sa direction. Ainsi, chez les Kadriya, l'Oukil de la zaouiya de Bagdad s'est depuis longtemps rendu indépendant du successeur direct du fondateur, Sidi Abd-el-Kader. Le sultan Abdul-Hamid, en homme avisé, a mandé à Constantinople ce gros personnage et, par lui, il tient en mains la direction de sa puissante confrérie.

Ces décentralisations successives, ces déplacements d'autorité ont eu pour résultat immédiat de diminuer, d'anéantir même l'influence politique des ordres religieux, en les soumettant à l'action directe du pouvoir temporel. Aussi, en dépit de leur nombre, ces ordres sont beaucoup moins puissants qu'il pourrait sembler au premier abord. Les Uléma et les Chorfa, tous les représentants du clergé officiel et salarié, les poursuivent d'une hostilité mal déguisée. Seuls interprètes de la tradition sacrée et de la loi, ces pharisiens de l'Islam ne cessent de citer les différents cheikh à leur tribunal et de contrôler l'enseignement des moqaddem; étant à la fois juges et parties, ils n'ont pas de peine à convaincre d'hérésie, pour le condamner ensuite, tout adversaire qui leur porte ombrage.

De son côté, l'administration turque tient en tutelle les chefs de la hiérarchie religieuse. Fidèle à sa devise : *Diviser pour régner*, Abdul-Hamid oppose ordre à ordre ; il élève les uns en les comblant d'honneurs, tandis qu'il poursuit les autres de sa haine inquiète et farouche. Le nom même de Bektachi est sévèrement proscrit ; au contraire, l'Oukil des Kadriya, le chef des Madaniya, les branches syriennes des Refaïya ne cessent de recevoir des marques de la faveur impériale. La même politique, fondée sur l'antagonisme invétéré des deux clergés et des religieux entre eux, est pratiquée par les gouvernements de l'Egypte et du Maroc, et, dans une certaine mesure, par les autorités françaises de l'Algérie (1). Dans tous ces pays, Derviches et Khouan continuent à psalmodier leurs formules monotones, et à s'enivrer de la communion mystique ; leur influence sur la masse du peuple est toujours immense, mais ils ne jouent plus, sur le théâtre de la politique, un rôle important. C'est ailleurs qu'il faut chercher leur champ d'influence, leurs éléments de force et de vitalité : c'est d'abord chez les nomades de la Syrie ou de l'Afrique, où ils ne comptent que des partisans dévoués jusqu'au fanatisme ; c'est ensuite dans ces bandes de pèlerins venus à La Mecque de tous les points du monde musulman, et dont la féroce exaltation peut être, à tout instant, tournée par les derviches contre les pouvoirs établis, musulmans ou chrétiens ; c'est enfin dans le groupement systématique de tous les ordres indistinctement sous la bannière du Senoussisme, dont le mot de ralliement n'est autre que ce cri de guerre : « *Turcs et chrétiens, je les briserai d'un seul coup.* »

(1) Voir, sur cette question, RINN, p. 103-115 ; D'ESTOURNELLES DE CONSTANT, p. 126-128.

APPENDICE BIBLIOGRAPHIQUE

Nic. de Tornaw. *Le Droit musulman exposé d'après les sources*, trad. par Eschbach, Paris, 1860.

J.-B. Brown, *The Dervishes*, London, 1868.

Osman-Bey, *Les Imans et les Derviches*, Paris, 1881.

L. Rinn. *Marabouts et Khouan. Etude sur l'Islam en Algérie*, Alger, 1884.

P. d'Estournelles de Constant. *Les Sociétés secrètes chez les Arabes et la conquête de l'Afrique du Nord*. Revue des Deux-Mondes, 1" mars 1886, p. 100-128.

A. Le Chatelier, *Les Confréries musulmanes du Hedjaz*, Paris, 1887.

Hub. Jansen, *Verbreitung des Islâms*, Friedrichshagen (bei Berlin), 1897.

Depont, O. et H. Coppolani, *Les Confréries religieuses musulmanes*, Alger, 1897.

Ed. Cat, *L'Islamisme et les Confréries religieuses au Maroc*. Revue des Deux-Mondes, 15 septembre 1898.

TABLE DES MATIÈRES

AVANT-PROPOS.................................... 3

CHAPITRE PREMIER. — Développement historique.

Le Monachisme et le Coran. — Les premiers ordres musulmans. — Le soufisme et le problème de l'union mystique. — Kadriya. — Refaïya. — Chadeliya. — Seherourdiya. — Mevlévis. — Badaouiya. — Haïdariya. — Nakechibendiya. — Bektachis. — Melamiya. — Saadiya. — Khelouatiya. — Aïssaoua. — Taïbiya. — Tidjaniya. — Senoussi et son œuvre de concentration...................... 5

CHAPITRE II. — Règles communes.

Comment se fonde un ordre. — La *chaîne*. — La révélation. — La *voie*. — Doctrines mystiques : Extérioristes et Intérioristes. — L'initiation. — Le costume. — Obligations morales : la kheloua. — Le dikr quotidien et le dikr solennel. — L'ouerd et l'hezb. — Obligations pécuniaires : aumônes et cotisations diverses.......... 28

CHAPITRE III. — Organisation administrative.

La hiérarchie. — Le Cheikh : son attribut de la Baraka. — Les Naïb ou Khalifa. — Les Moqaddem. — Charges inférieures. — Assemblées générales et provinciales. — Organisation particulière des ordres en Egypte et au Hedjaz. — Déplacement d'autorité : l'Oukil. — Attitude du clergé officiel et du gouvernement vis-à-vis des ordres religieux...................................... 61

Appendice bibliographique....................... 71

www.ingramcontent.com/pod-product-compliance
Lightning Source LLC
LaVergne TN
LVHW021006090426
835512LV00009B/2101